吟遊詩人の世界
THE WORLD OF POET-SINGERS

ごあいさつ

国立民族学博物館（みんぱく）は、国立学校設置法の一部を改正する法律（昭和49年法律第81号）の施行により、博物館機能をもつ文化人類学・民族学の分野の大学共同利用機関として1974年に創設され、1977年に大阪千里の70年万博の跡地に開館しました。本年2024年で、創設五十周年を迎えました。

　この度、ここにみんぱくの創設五十周年記念事業として特別展「吟遊詩人の世界」を開催いたします。世界各地で、今も、人びとの暮らす家から家へと、あるいは村から村へと巡り歩き、詩歌を歌い語る吟遊詩人の姿が確認できます。彼ら彼女らの歌と語りが辺りに響くとき、世界はそれまでとはまったく異なる相貌をもって人びとの前に立ち現れてきます。そのような吟遊詩人の歌と語りを、この特別展では、世界を「異化」する存在としてとらえています。アフリカのエチオピア、マリ、アジアのインド、ネパール、モンゴル、そして日本の、それぞれの地の歴史と環境に育まれた個性豊かな吟遊詩人のありようが、豊富な映像と写真、資料、そしてときには実際のパフォーマンスを通じて紹介されます。

　この展示では、また、人類学者の手による、そうした映像記録の製作のあり方にも、省察的なまなざしが向けられています。その結果、この特別展は、みんぱくが過去50年を費やして世界各地で継続してきたフィールドワークを、「吟遊詩人」という共通項の下で、いわば切開して比べてみせる試みにもなっています。世界各地を巡り歩き、その地の文化を語り伝える人類学者は、あるいは、もうひとりの吟遊詩人なのかもしれません。

　今回の特別展が、吟遊詩人の世界の多様で豊かなあり方に接していただく機会となり、吟遊詩人の発する歌と語りのもつ力について改めて振り返っていただく契機となることを願っております。

2024年9月
国立民族学博物館 館長
吉田憲司

目次

	003	*ごあいさつ* 吉田憲司
	006	*吟遊詩人──世界を異化する歌と語り* 川瀬慈
	008	*地図・凡例*

第I部

	010	**第1章**	**エチオピア高原の吟遊詩人**｜川瀬慈
			1　アズマリとラリベラ
	014		2　誉め歌
	018		3　エチオピアの門付け芸
	022		4　聖なる祈りの楽器ヴェゲナ

	026	**第2章**	**タール沙漠の芸能世界**｜小西公大
			1　芸能者コミュニティの多様な広がり
	032		2　マーンガニヤール／ランガー：パトロネージと歌謡
	036		3　ボーパー：絵解き芸と民俗宗教
	038		4　カールベーリヤー：舞踊の創造へ

	040	**第3章**	**ベンガルの吟遊行者と絵語り**｜岡田恵美
			1　吟遊行者バウルの道
	048		2　絵語りポトゥアとして生きる

	054	**第4章**	**ネパールの旅する楽師**｜南真木人
			1　ガンダルバ
	057		2　ツーリストとの出会い
	060		3　タメルのガンダルバ
	062		4　サーランギ音楽の継承

	064	**第5章**	**瞽女──見えない世界からのメッセージ**｜広瀬浩二郎
			1　はじめに ──「サウンド・スケール」への道
	066		2　歩く＝瞽女の旅
	068		3　創る＝瞽女唄の響き
	072		4　伝える＝瞽女なき時代の瞽女文化の継承

	076	**第6章**	**うたが生まれる心の小道**｜矢野原佑史
			1　文字以前の文化としてのラップ
	078		2　現代日本の吟遊詩人── 志人
	079		3　《津和野 透韻図》
	083		4　《心眼銀河》
			5　《意図的迷子》
	084		6　志人と這丸太からのメッセージ

| | 086 | **コラム1** | 「うたは　雲を　掴むよ」志人 |

088	第7章	モンゴル高原、韻踏む詩人たちの系譜｜島村一平
		1 口承文芸と韻踏む詩人たち
090		2 英雄叙事詩と吟遊詩人トーリチ
093		3 西モンゴルのトーリチたち
098		4 語り部としてのシャーマン
101		5 ラップに継承される韻踏み

102	第8章	マリ帝国の歴史を伝える語り部｜鈴木裕之
		1 声の匠「グリオ」とスンジャタ叙事詩
104		2 語りを支える楽器
108		3 誉め歌で祭りを盛りあげる
110		4 華麗なる衣装の世界

第II部	114	第1章	ポピュラー音楽と吟遊詩人
	115		1 世界に羽ばたくアズマリ｜川瀬慈
	119		2 ワールドミュージックするグリオたち｜鈴木裕之
	124		3 創造のローカリティ──タール沙漠の芸能集団が歩む変動のマーケット｜小西公大
	130		4 吟遊詩人を継承するモンゴル・ラッパーたち｜島村一平

	136	コラム2	「漂泊する声の影、世界の響き」管啓次郎

	138	第2章	研究者のまなざし
	139		1 吟遊詩人にせまる映像話法｜川瀬慈
	142		2 「裸で生まれ、裸で死んでいく」──34年の年月から｜南真木人
	148		3 今、なぜ瞽女文化なのか──私たちが見落とし、見捨ててきたもの｜広瀬浩二郎
	154		4 女性バウルとの出会い｜岡田恵美
	160		5 ポトゥアの時代的変化を追って｜岡田恵美

	166	コラム3	「ほんとうの詩人」新井高子

	168	第3章	韻と抑揚、イメージの深淵
	169		1 韻踏みのテクノロジー｜島村一平
	175		2 蠟と金、イメージのアーカイブ｜川瀬慈
	179		3 詩作体験コーナー「あなたも吟遊詩人」について｜矢野原佑史

	184	コラム4	「現代の批判者、吟遊詩人（バラディーア）たちよ蘇れ！」今福龍太

186	映像と音声で迫る「吟遊詩人の世界」
189	もっと知りたい人のためのブックガイド
191	展示資料リスト
200	謝辞・協力者一覧

吟遊詩人――世界を異化する歌と語り――川瀬慈

本書は国立民族学博物館の特別展『吟遊詩人の世界』の解説書である。各地を広範に移動し、詩歌を歌い語る吟遊詩人は古代から各地に存在した。一般に吟遊詩人というと、中世ヨーロッパにおいて存在した宮廷楽師や大道芸人をイメージする方が多いかもしれない。しかしながら吟遊詩人的な存在の歌い手や語り部、芸能者は世界各地で古代から脈々と生きてきたといえる。本特別展では吟遊詩人を、詩歌の歌い語りを通して世界を異化する存在ととらえ、アジア、アフリカの吟遊詩人のパフォーマンスやそれらを成立させる物質文化を紹介する。さらに、動画や写真をふんだんに活用し、吟遊詩人を支え育んできた地域社会の人びとの息吹を生き生きと伝えることを試みる。

*

吟遊詩人は時代の変遷のなかで様々な役割を担ってきた。王侯貴族の系譜や英雄譚を語り継ぐ語り部、戦場で兵士を鼓舞する楽師、社会批評家、宴席に哄笑の渦をまき起こすコメディアン、庶民の意見の代弁者、中央のニュースを地方に伝えるメディア、儀礼の進行を担う司会者、五穀豊穣を祈願する門付芸人、また、霊的な世界と交流する職能者、さらには今日、世界のポピュラー音楽を席巻するヒップホップの担い手、ラッパーもその範疇に入れることが可能であろう。

　これらの歌い手、語り部は、詩歌の歌い語りを通して、私たちと超越的な存在、すなわち神や悪魔、精霊とのコミュニケーションを仲介し、凝り固まった社会の構造を揺さぶり、そこに風穴をあける存在である。また、ときには王侯貴族、政治家等の権力者をおだて、彼らの気分を高揚させたかと思えば、それらの者たちの分厚い権威の衣をみるみるはぎとり、辱めることも厭わない。過去の王朝の栄華を朗々と物語り、おごれる者を戒め、来るべき時代の変化を予言する警句を発し、我々を粛然とさせることも得意とする。

　歌と語りによって世界を異化する特殊な力をもつ吟遊詩人は、時には畏怖の対象とされ、また当然のごとく社会的周縁に追いやられてきた。近年は、グローバルな消費社会、ポピュラー音楽界、さらにはユネスコ等の無形文化遺産をめぐるポリティクスとのつながりのなかで、その芸能の様式や、自身の表象のありかたを柔軟に変え、したたかに生き延びてきたともいえる。

*

本展示においては、吟遊詩人のパフォーマンスを成立させる物質文化のみならず、彼ら、彼女らを支え育んできた地域社会の人びととの関係も浮かび上がらせる。人びととはどのような所作、マナー、物品を通して吟遊詩人を迎え入れ、時には拒むのだろうか。特別展の構成は展示場の1階と2階によってわかれている。1階では8名の研究者・フィールドワーカーによっ

て、アジア、アフリカの吟遊詩人の世界が紹介される。1階を構成するのは、「エチオピア高原の吟遊詩人（アズマリ、ラリベラ、ヴェゲナ奏者）」「タール沙漠の芸能世界（マーンガニヤール、ボーパ、カールベーリヤー、ラーンガー）」「ベンガルの吟遊行者と絵語り（バウル、ポトゥア）」「ネパールの旅する楽師（ガンダルバ）」「瞽女──見えない世界からのメッセージ（ごぜ）」「うたが生まれる心の小道（日本語ラッパー）」「モンゴル高原、韻踏む詩人たちの系譜（トーリ、ホーミチ、シャーマン、ラッパー）」「マリ帝国の歴史を伝える語り部（グリオ）」である。これらの吟遊詩人を育む地域社会に身を置き、途方もなく長い年月をかけてフィールドワークをおこなってきた研究者たちが特別展の展示構成に関わっている。それぞれの展示を貫く着眼点やそのスタイルには、それぞれの研究者の個性がいかんなく発揮されている。

　さらに、1階の中央部には、アリーナスペースが設けられ、特別展の期間中、展示内容に関連する吟遊詩人の歌や演奏の実演がおこなわれる。来館者に吟遊詩人の生きたパフォーマンスに触れてもらおうというねらいがある。どちらかといえば、地域社会に根付いた、伝統的な吟遊詩人の動態を浮かび上がらせることを目的に据えた1階の展示に対し、2階では、より通文化的なアプローチから吟遊詩人に迫ることを試みる。「ポピュラー音楽と吟遊詩人」においては、ポピュラー音楽や商業映画における吟遊詩人の影響について紹介する。また逆に、吟遊詩人が、グローバルな音楽産業やポピュラーカルチャーの動向を、いかにしたたかに自己の表象や芸に反映させているかを描く。「韻と抑揚、イメージの深淵」では、吟遊詩人が歌うアムハラ語やモンゴル語の詩をパネルで表示し、韻による抑揚やメタファーを紹介、さらにはアムハラ語歌詞の奥底に息づく生死に関わるイメージの世界を解説する。来場者みずからが詩（連歌）を創作する体験展示のスペースもここに設ける。「研究者のまなざし」では、人類学者が吟遊詩人をどのようなアプローチで映像に記録し、研究してきたかについて、映像音響資料を通して省察的に開示する。

*

さて今日、環境破壊、気候変動、パンデミック、絶望的な経済格差をはじめ、地球規模ですぐに取り組まねばならない全人類的な課題が我々の眼前に山積みになっている。それなのに出口の見えない愚かな戦争、紛争が我々が生きる時代に暗い影を落とし、グローバルな資本主義の欲望の歯車は知らぬ顔といわんばかりに日々その回転の速度を増している。殺伐としたこの時代に、吟遊詩人が高らかに歌い語り、この獰猛な歯車に回収されえない、オルタナティブな神話の種子を我々の心の中に蒔くことは可能なのだろうか。それらの種子をあなたが受け取ったのなら、あなたも吟遊詩人として歌うことになる。その歌はやがて、近現代の地表をつきやぶり、多種多様な"もう一つの神話"を各地に芽吹かせることになるだろう。

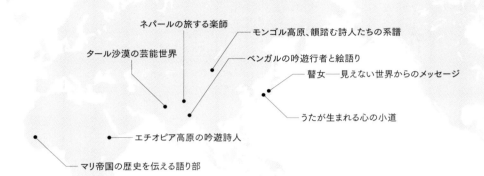

[凡例]
- 本書は、2024年9月19日から12月10日まで国立民族学博物館で開催される特別展「吟遊詩人の世界」に合わせて出版される同展の解説書です。
- 紙幅の関係で掲載できなかった資料もあり、本書の内容と展示資料は必ずしも一致しません。
- 各図版には資料データを、制作者名（特定できる場合のみ）、資料名（作品名）、国・地域、年代、所蔵の順に記しました。ただし、不明の項目は空欄とせずにつめています。
- 所蔵者を明記していないものはすべて国立民族学博物館の所蔵です。標本番号は巻末の展示資料リストに記載しました。
- 資料の名称は現地の発音にそってカタカナで表記しています。

I

第1章

エチオピア高原の吟遊詩人｜川瀬慈

エチオピア北部には、弦楽器を奏でながら歌い語るアズマリ、楽器をもちいずに、早朝に家々の軒先で合唱をおこなうラリベラとよばれる吟遊詩人集団がいる。この両者はパフォーマンスの形態は異なるものの、古くからエチオピアの地域社会に深く根をおろし活動をおこなってきた。

1 アズマリとラリベラ

　エチオピア北部の祝祭儀礼にアズマリは欠かせない存在である。アズマリは、馬の尾を束ね合わせた弦、山羊の革を張った共鳴胴からなる楽器マシンコのメロディに、聴衆を誉めたたえる内容の歌をのせ、儀礼の進行を司る。アズマリはいにしえより、多様な顔をもち、さまざまな社会的役割を担ってきた。ソロモン朝ゴンダール期（1632–1769）の封建体制が崩壊した後の群雄割拠の時代、アズマリは王侯貴族の保護下にあり、歌を通して主人を誉め、ねぎらい、ときには楽器をもって戦場に赴き、兵士たちを鼓舞するために歌ったといわれる。武勲のあった戦士や貴族のみに与えられる冠位を受けとったアズマリがいたり、19世紀後半のメネリク2世の統治

酒場で歌う男女のアズマリ。2022年、エチオピア、アディスアベバ。筆者撮影

時代においては、アズマリが歌を通した税の徴収係として雇用され働いたことが歴史家たちによって報告されている。

1930年代半ば、ムッソリーニによるイタリア領東アフリカ帝国建国の野望を掲げたイタリア軍が、エチオピアへの侵攻を開始し、主要都市の多くを支配下に置く。エチオピアがイタリア軍の統治下にあったこの時代、アズマリのなかには、侵略者であるイタリア軍を、あからさまに誉めたたえる歌を歌った者がいた。一方で、イタリア軍による軍政に歌を通して抗い、人びとを扇動したアズマリもいた。それらのアズマリの多くが捕らえられ処刑された。

社会主義のイデオロギーを掲げた軍事政権の時代は、政権のスローガンをエチオピアの諸民族の言葉で歌うアズマリがラジオに出演した。アズマリは権力者の庇護のもと、体制維持に貢献するために歌うとともに、ときには庶民の代弁者となって支配者に抵抗するための音楽活動をおこなってきたのである。

一方のラリベラは、古くからどこからともなくやってくる謎の多い集団として地域社会のなかでは認識されてきた。当集団は、早朝に家々の軒先で歌い、乞い、家の者から金や食物、衣服等を受けとると、その見返りとして人びとに祝詞(のりと)を与え、次の家へと去っていく。エチオピア北部の社会では、当集団が歌を止めるとコマタ(ハンセン病、ラリベラ集団内の隠語では"シュカッチ")という重い病を患うと信じ、病への恐怖にかりたてられて歌いつづけるという言説が今日にいたるまで広く共有されている。ラリベラのあいだでも、コマタをおそれるために歌い続けるという者もいるが、これを否定する者も存在し、当集団が世代をこえて歌い、乞い続ける理由には謎が多い。この病や患者への根強い差別意識が人びとのあいだに存在したエチオピアでは、政府や海外の医療団体によってハンセン病の撲滅運動が精力的におこなわれてきた。しかしながら、エチオピア音楽を紹介する文献では、謎のハンセン病集団、夜明けのセレナーデを歌うハンセン病者等、当集団に対する地域社会の言説をなぞる、あるいは集団に与えられたおどろおどろしいイメージを強調するかのような表現がみられる。

集団が主な活動範囲とするエチオピア北部において、他集団が彼らを指してもちいる呼称には大きな地域差がある。首都のアディスアベバを含むショワ地域に

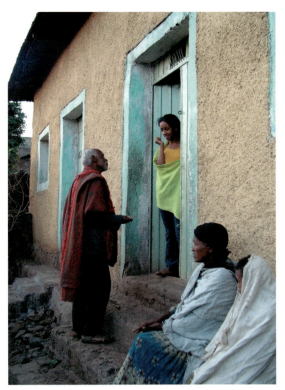

民家の軒先で歌うラリベラの一家。2004年、エチオピア、ゴンダール。筆者撮影

おいてもっとも一般的にもちいられる"ラリベラ"は、当集団を指す他称のなかでも、もっとも幅広く知られているものである。あるエチオピア人の言語学者によれば、アムハラ語名詞のレリトゥ(明け方)と動詞のベラ(食べる)が、この呼称の起源であり、それは、この歌い手たちが、明け方に歌い、物乞いをおこなうことに由来しているという。これに対して、アディスアベバで活動をおこなうラリベラの集団によれば、12世紀に台頭したラリベラ王に集団が専属的に仕えたことから、彼らがこの名でよばれるようになったという。

本稿は主に以下の著作を一部改変してもちいた。
川瀬慈 2020『エチオピア高原の吟遊詩人——うたに生きる者たち』音楽之友社

結婚式の宴で歌う男女のアズマリ。2003年、エチオピア、ゴンダール。筆者撮影

アズマリ専属の店、アズマリベットにて外国人客に歌いかける。2006年、エチオピア、ゴンダール。筆者撮影

民家の軒先で歌い終えた後、家人より紙幣を受け取るラリベラ。2003年、エチオピア、ゴンダール。筆者撮影

民家の軒先で歌い終えた後、家人より紙幣を受け取るラリベラ一家。2003年、エチオピア、ゴンダール。筆者撮影

2 誉め歌

エチオピアの吟遊詩人のパフォーマンスは、聴き手との豊かなやりとりのなかに生成しつづける営みである。誉め歌はとくに重要だ。歌いかける相手を誉め、もちあげ、楽しませる。そしてシェレマットとよばれるチップを相手から受けとるのである。たとえば、アズマリは歌いかける相手の特徴を題材にした誉め歌を歌う。具体的な例をみていこう。

መሳቁንማ ሚኪያ ይሳቅ
ミキを笑わせてみよう

ከሰላሳው ጥርሱ አለች ትንሽ ወርቅ
彼の30本ある歯のうちに　金歯が見えるから

このアズマリは歌いかける相手の名前（ミキ）を周囲の人びとからあらかじめ聞き出し、その名前を歌詞にとりいれることで相手の心をつかもうとする。「金歯」というのはこの歌詞の場合、富の象徴としてもちいられる。すなわち、金歯という語をもちいて、ミキが裕福であることを示し、彼の気分をもちあげチップを促すのである。

以下はラリベラの夫妻による歌。

ተው(ተይ) ተመስገን በይው የፈጠረሽን
あなたの創造主に感謝しなさい

ታምናው ዘንድሮ ያደረሰሽን
昨年から今年まであなたを生かす

ተዘመኑ ቀስፈት የሰወረሽን
エイズからあなたを守る

ደንበኛው ነጋዴ ነጋዴ ነሽ አሉ አራፋ ታውቂያለሽ
あなたは優れた商人であると人は言う

ባንድ መቶ ገዝተሽ በሺህ ታተርፊያለሽ
100で買い1000を得る

100で購入した物品を販売し、1000、すなわち原価の10倍の利益を生み出すことができる。歌いかける相手は、商才に長けた商人であるとほめている。店舗の軒先でよく使用されるフレーズだ。また、この詩には1行目から3行目にかけての3行、4行目から5行目の2行すなわち、aaabbという構成で押韻がみられる。押韻の抑揚にのせ、じわじわと相手に施しをせまっていくのである。

1 アズマリと聴衆の即興詩のやりとり。2022年、エチオピア、アディスアベバ。筆者撮影
2 アズマリベットの店の外観。2006年、エチオピア、ゴンダール。筆者撮影
3 宴にて紙幣を受け取るアズマリ。2018年、エチオピア、メケレ。筆者撮影

第1章：エチオピア高原の吟遊詩人｜川瀬慈　　014｜015

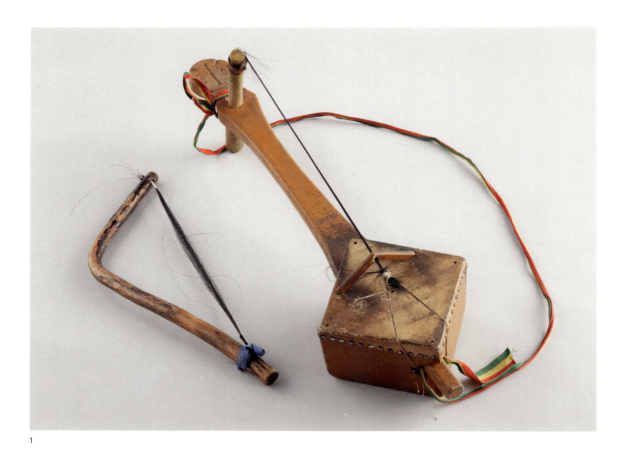

1

2

第 I 部

3

4

5

1　弦楽器 マシンコ／エチオピア／アディスアベバ／ 2023 年 収集
2　アズマリとジャズバンドの共演や民族舞踊ショーで知られる人気店
　　ファンディカ。2019年、エチオピア、アディスアベバ。筆者撮影
3　弁当箱。主食のインジェラを重ねて入れる。もっとも一般的なアズマリ
　　ベットの装飾品のひとつである
　　エチオピア／アディスアベバ／ 2023 年 収集
4　1930 年代半ば、イタリア軍によって撮影されたと思われるアズマリ
　　（筆者所蔵）
5　蜂蜜酒タッジを入れて飲む容器。タッジ専門の酒場"タッジベット"は、
　　アズマリが頻繁に演奏をおこなう場でもある。
　　エチオピア／アディスアベバ／ 2023 年 収集

3 エチオピアの門付け芸

ラリベラの活動を観察していると、日本の芸能の脈絡においてよく聞く「門付け芸」を想起させる。門付けとは、人びとの家の玄関や軒先でなんらかの芸を見せ、報酬を受ける芸能、および芸能者のことである。

ラリベラは単独、もしくは男女のペアで早朝に家々の軒先で歌い、乞い、家の者から金や食物、衣服等を受けとると、その見返りとして人びとに祝詞を与える。ラリベラの活動は、人びとがまだ就寝中の明け方から正午にかけておこなわれる。ラリベラは、その活動において一切楽器をもちいない。

男女二人によって歌唱がおこなわれる場合、まず男性が家人に金品を婉曲的に催促する内容のパラグラフを歌う。このパートはレチタティーヴォ、すなわち叙唱、朗唱に近い様式で、旋律の起伏が少ない。それに続いて女性が歌詞をもたない旋律のパートを歌い上げ、男性、女性のパートが交互に繰り返され、聴き手に施しをせまっていく。金品や衣服、食べ残しの食物を受けとった後、ラリベラはそれらを渡した人物に対して「イグザベリ・イスタリン（神があなたに恵みを与えますように）」という特定のフレーズから始まる祝詞を贈る。ラリベラの声量は大きく、近くで聴いていると耳をふさぎたくなることもある。

ラリベラはしたたかである。しばしば歌いかける相手に関する情報を近所の住人から聞き出し、歌詞のなかにとりこんでいく。これらの情報には、歌いかける相手の名前のほか、宗教、職業、家族構成等が含まれる。それらの歌詞は聴き手の気分を高揚させ、聴き手を施しへとかりたてるのである。

1

2

1 民家の軒先で歌うラリベラの女性。2004年、エチオピア、ゴンダール。筆者撮影
2 民家の軒先で歌うラリベラの男女。2004年、エチオピア、ゴンダール。筆者撮影

3

4

5

6

3 筆者の部屋で歌の実演をおこなうラリベラの女性。歌唱の際、口を大きく開かない。2019年、エチオピア、アディスアベバ。筆者撮影
4 民家の軒先で歌うラリベラの女性。2001年、エチオピア、アディスアベバ。筆者撮影
5 筆者の部屋に立ち寄ったラリベラの夫婦。2006年、エチオピア、アディスアベバ。筆者撮影
6 筆者によるアディスアベバ大学講義において歌の実演をおこなうラリベラ男性(右端)。2018年、エチオピア、アディスアベバ。筆者撮影

ジャズバンドの演奏にあわせて歌うラリベラの男女。2019年、エチオピア、アディスアベバ。筆者撮影

第I部

4 聖なる祈りの楽器ヴェゲナ

ヴェゲナはエチオピア北部の主にアムハラ人たちの社会に広くみられる大型の竪琴である。楽器のサイズについては、小型のもので1メートル、より大きなタイプは1.6メートルにおよぶ。ヴェゲナは、エチオピアの代表的な宗教であるキリスト教エチオピア正教会（以下、正教会）のツォムとよばれる精進期間を中心に、教会や個人の邸宅において神に対する深い祈りとともに奏でられる。血縁や地縁を紐帯とするアズマリやラリベラの音楽職能とは異なり、ヴェゲナの演奏は、だれもがおこなうことができる。ただし、ヴェゲナの演奏のみを生業とする職能者は存在しない。

ヴェゲナに関しては数々の言い伝えが残されている。その起源については、死の床に瀕した聖母マリアの苦しみを和らげるために神から遣わされた天使ダーウィットが奏でた楽器、という以下の話が有名だ。

አዝራ በመሰንቆ ዳዊት በበገና አያጫወታት
エズラはマシンコ　ダーウィットはヴェゲナを演奏した

ሳትሰማው አስፈች ያን መላክ ሞት
彼女は自分が死ぬことすら感じずに
安らかに息をひきとった

以上の逸話のなかの天使エズラは、アズマリの始祖といわれる。また、10本の弦はモーセの十戒をあらわすとされる。ヴェゲナの奏者は、弦の音色にのせて、聖書のなかの逸話や、世の無常に関して切々とつぶやくように弾き語る。

エチオピア北部の音楽については、ゼマとゼファンという対置概念が存在する。ゼマは、6世紀に正教会の聖職者ヤレードが、3羽の小鳥の声から霊的な啓示を受け、憑かれたように作曲した正教会の讃美歌や儀礼音楽を指す。それらは神からの神聖な恩寵であるとされる。対するゼファンは世俗の歌や踊りを指す。ヴェゲナはゼマに帰属するため、その歌と演奏は、神を讃える行為、もしくは神への祈りであると認識されている。

1

1　ゲエズ文字（アムハラ文字）によるヴェゲナの歌詞。天使ダーウィットについて歌われる（アレム・アガ氏蔵）。2023年、エチオピア、アディスアベバ。筆者撮影
2　アレム・アガ氏によるヴェゲナの演奏。2023年、エチオピア、アディスアベバ。筆者撮影

2

第1章：エチオピア高原の吟遊詩人｜川瀬慈

弦楽器 ヴェゲナ／エチオピア／アディスアベバ／ 2023 年 収集

アレム・アガ氏とヴェゲナ。2023年、エチオピア、アディスアベバ。筆者撮影

ヴェゲナを演奏するダビデ王を描いた絵画（アレム・アガ氏蔵）。2023年、エチオピア、アディスアベバ。筆者撮影

第2章

タール沙漠の芸能世界｜小西公大

インド北西部に広がるタール沙漠には、芸能者たちをめぐる網の目が形成されている。芸能の種類も楽器の形状もレパートリーの数も多様であり、このエリアに数百の芸能集団が活動しているという。荒涼とした大地に、なぜこれほどまでに豊かな芸能世界が育まれてきたのだろうか

1 芸能者コミュニティの多様な広がり

おお、千の花びらをもつサフロン色の美しい花よ、
歌を聞かせておくれ
庭を歩き、私と甘い会話を交わそう
宮殿を散歩しながら、曇っていく私の目は
そのサフロン色の美しさに埋もれていく
ベッドで休みながら、
静かに過ぎゆく夜の流れを感じよう
あなたとの別離の痛みで満たされた、
私の心に寄り添ってくれませんか

楽師集団マーンガニヤールの定番歌謡、Kesario hazari gul ro phool の一節である。これが歌われるのは、パトロン世帯が婚姻儀礼の際に彼らを呼び寄せたときだ。儀礼は、彼らなくては遂行できないとされている。

　ここで歌われている千の花弁をもつ美しい花は、じつは花嫁ではなく、花婿を表したものだ。新郎側についた楽師たちが、パトロン世帯で結婚を迎える青年の、凛々とした輝きを称揚するのだ。彼らの芸能は、このように社会的な役割に沿って、表現が生み出されていく。パトロンをめぐる社会関係、つまり血縁関係、儀礼・宗教的関係、姻族関係、地縁関係などが複雑に絡み合った沙漠の社会において、そのメッシュ状に編みこまれた人びとの在り方を「見える化」しつつ、祭礼・儀礼空間に彩りを与えていく。集まった人びとはそこで改めて広漠とした沙漠世界に張り巡らされた関係の糸を認識し、その繋がり方を寿ぐのである。

　彼らがその活動を繰り広げるのは、インド北西部に広がるタール沙漠エリアだ。1947年の印パ分離独立の際には、沙漠エリアがふたつに分断されてしまい、社会関係にも分裂が生み出されてしまったが、インド側に残された多様な人びとのつながりは強固に残りつづけている。

　沙漠の世界でみられる居住形態は、散村と訳語を当てられる Scattered Living Village であり、その隙間を縫うように、芸能者たちをめぐる網の目が形成されている。先に紹介したムスリム楽師集団マーンガニヤールのように、ヒンドゥー世帯をパトロンとしながら定住生活を送る人びともいるし、沙漠のいたるところでテント生活をしながら遊動していく芸能一家も少なくない。しかし、こうした放浪芸人たちも、闇雲に沙漠を右往左往しているのではない。見えない関係の糸を手繰り寄せるように、縁故をたどりながら、芸能が必要とされる機会を虎視眈々と狙っている。お声がかかったときにすぐに飛んでいけるように設計された、柔軟な生き方だ。これが彼らの生存戦略なのである。

　芸能の種類も楽器の形状もレパートリーの数も多様であり、人びとはこのエリアには数百の芸能集団が活動していると語る。その種類も、リズムやメロディーを奏でる楽師集団（マーンガニヤールやラーンガー、ドーリーなど）や、多様な舞踊で人びとを魅了するダンス・コミュニティ（ジョーギー、カールベーリヤー、先住民族ビール、ラーナー・ラージプートなど）、儀礼の際に民俗神たちを讃える宗教コミュニティ（絵解きボーパやカーマルなど）、祭礼でアクロバティックな実演や人形劇（ラージ・ナートやカト・プトリなど）で人びとを沸かすエンターテインメント集団まで、さまざまだ。

　この荒涼とした大地に、なぜこれほどまでに豊かな芸

1 マーンガニヤールたちが集住する村での賑やかな演奏会。2012年、インド、バールメール県（本章掲載の写真は資料写真を除きすべて筆者撮影）
2 乾燥した大地をゆく老人たち。雲が雨季の到来を予感させる。2012年、インド、ジャイサルメール県

第2章：タール沙漠の芸能世界｜小西公大　　026｜027

能世界が育まれてきたのかについては、さまざまな説がある。ひとつは、このエリアが、覇権を争う多様な王権（王朝）の入り乱れた、「王たちの地＝Raja-sthan（ラージャスターン）」であることに要因を見出す。沙漠に突如として現れる城塞と城下町からなる「王都」だけではなく、周辺の沙漠地帯にいたるまでさまざまな王統・王権を核とした「多中心的」な社会構造が保たれた結果、パトロネージを担う王たちの影響力が沙漠の隅々に行き渡り、豊かな芸能世界を下支えしてきた、というものだ。このように王権から芸能世界を説明づけるものがある一方、過酷な乾燥エリアにおける生活に彩りをもたらすべく、また彼らの生存戦略において最重要課題である社会関係の維持を担う存在として、むしろ（王権というより）市井の人びとこそが多様な芸能者たちとの永続的な関係を必要としてきた、という説もある。

どちらの説もそれなりに説得力があるものだが、さまざまな芸能者たちのレパートリーの幅広さをみると、もっと複合的な要因が絡み合ったものではないかと感じられる。その題材は、王や王妃たちの美しい恋愛物語から、勇敢な戦士たちの歌、結婚式の際に歌われるもの（Marriage songs）や新郎新婦の両親族間でおこなわれる「ちょっかい出しabuse songs」、民俗神話の詠唱、蛇よけや虫送り儀礼の際の儀礼的芸能など、超越的な存在から王権、沙漠の住民たちの生活世界を縦横無尽に繋ぎ合わせる、あらゆる物語が紡がれていることがわかる。

今回の展示では、まずはその芸能世界の豊かさを味わってもらうべく、さまざまな芸能集団のエッセンスを表すものを組み合わせる形で表現した。具体的には、背景の壁絵（パル、絵解き用の神話画）から始まり、カト・プトリに使用される人形たち、楽師集団ラーンガーが使用する弦楽器サーランギー、楽師集団マーンガニヤールが主にもちいるカスタネット（カールタール）、沙漠の楽師たちが共通してもちいる両面太鼓（ドーラク）、口琴（モールチャン）、ふいご型鍵盤楽器（ハルモニウム）などである。これらの芸能関連のモノたちや楽器の形状から、沙漠に広がる音と身体と色彩が織りなすイマージュの世界を想像していただければ幸いである。

ジャイサルメールの城下で売られていたカト・プトリの人形たち。2011年、インド、ジャイサルメール県

あやつり人形(踊り子)／インド／ラージャスターン／1981年 収集

あやつり人形(王妃)／インド／ラージャスターン／1981年 収集

あやつり人形(踊り子)インド／ラージャスターン／1981年 収集

あやつり人形(王)インド／ラージャスターン／1981年 収集

ジョードプル県バルナーワー村のラーンガーたち。世界的に活躍する楽師たちの歌声が響く。2013年、インド、ジョードプル県

第2章:タール沙漠の芸能世界｜小西公大

2 マーンガニヤール／ラーンガー：パトロネージと歌謡

マーンガニヤールとラーンガーは、タール沙漠を代表する芸能コミュニティ＝楽師集団とされてきた。このふたつのコミュニティは、ある時は合同演奏をしたり、レパートリーを共有したりする場面が多いため、混同して認識されることもある。一方で、彼らはそもそもの由来として、大きな差異をもった別の集団であることは、言わずもがなである。

その差異とは、たとえば居住エリアの別として語ることができる。マーンガニヤールはタール沙漠エリアのなかでも、よりパキスタン国境に近いインド最西端のエリア（主にジャイサルメール県やバールメール県）に分布して生活しており、ラーンガーはインド側のタール沙漠の入口（東側）、主としてジョードプル県を中心に居住している。また彼らを分ける有効な手段として、またそれぞれの集団アイデンティティとして、もちいる楽器のちがいが挙げられる。マーンガニヤールはマンゴー材による丸い胴をもつ弦楽器カマーイチャーをもちいること、ラーンガーはトゥーナ材の塊を彫った長方形の胴が特徴的な弦楽器スィンディー・サーランギーを演奏することが有名である。双方ともに数本の旋律弦と金属製の共鳴弦が使用されており、フレットレスであることが特徴であるが、奏でる音は随分とちがう印象を与える。前者はゴウゴウと唸るような共鳴音を奏でるのに対し、サーランギーは人間の声のように繊細な音色が特徴とされる。

彼らは世襲の音楽コミュニティである。古くは一時的な雇われ楽師として王宮に勤めていた人びともいたことから、みずからをミーラースィー（尊称としての楽師）と称する人びとも存在している。一方で、彼らの持続可能な芸

弦楽器サーランギー／インド／ラージャスターン／1981年 収集

カマーイチャーを演奏する青年。まだまだ修行中。2012年、インド、ジャイサルメール県

能活動を支えてきたのは、村々に住む王家の子孫や多様な職能をもつ市井の人びととの社会的・儀礼的なつながりである。マーンガニヤールもラーンガーも、ともにイスラーム教を信奉しているが、前者は沙漠に居住するヒンドゥー世帯をパトロンとし、後者はタール沙漠西部に居住するスィンディー・シパーヒーとよばれるムスリム世帯を代々パトロンとしてきた。

彼らの芸能の特徴は、単にエンターテインメントとしての音楽演奏というよりは、出産や子どもの命名、結婚などの通過儀礼や、パトロンの信仰する女神たちの祭礼にかかわる儀礼的役割を担ってきたということだ。したがって彼らのレパートリーは出産や婚姻にまつわるものが多い。また、彼らはパトロンたちの親族系譜（ピーリー）を保持し、折に触れて家系の称揚（スブラージ）をおこなう系譜保持者としての役割も担っている。また、マーンガニヤールにおいては、パトロンの氏族女神の憑依儀礼においても重要な役割を果たしており、その社会的役割は多岐にわたっている。このように、沙漠の社会に「埋めこまれた」ものとして彼らの芸能・音楽を捉えていく必要がある。

楽器 カルタール／インド／ラージャスターン／ 2012年 収集

美しいハーモニーを生みだすハルモニウム奏者の指使い。2012年、インド、ジャイサルメール県

鍵盤楽器 ハルモニウム／インド／ラージャスターン／ 1991年 収集／個人蔵

弦楽器 サーランギー
インド（推定）／ラージャスターン／2018年 受入

口琴 モールチャン／インド／ラージャスターン／2012年 収集／個人蔵

太鼓 ドーラク／パキスタン／ラホール／1987年 収集

3 ボーパー：絵解き芸と民俗宗教

彫像（馬）／インド／ラージャスターン／ 1981年 収集

テーブル／インド／ラージャスターン／ 1981年 収集

絵解き芸をおこなうボーパーは、血縁に基づくコミュニティというより、職能集団としての特徴を備えている。そもそもボーパーとよばれる集団にはその職能によってさまざまな種類が存在しているとされる。たとえば、寺院付きの祭司や、託宣を授かる霊媒師、音楽で身を立てる人びと、ツーリストに銀細工を売りつける人びとなど、多岐にわたっている。なかでも今回取りあげる、幅5メートル近くの巨大な布絵（パル）に描かれた神話を、歌と演奏で説き語る「絵解き芸」をするボーパーは、これまでも民族音楽学や神話学などの文脈から研究の対象となっており、世界的に有名になった系統のひとつだ。

　彼らが語る神話は、主にパーブージーやデーヴナーラーヤンなどのローカルな英雄神を素材にした叙事詩がもとになっているが、その物語は4000行にものぼるとされる。彼らはラーヴァンハッター（ラーヴァナの手）とよばれる弦楽器を片手に、ランプで照らされた布絵のパートを丁寧に説き語る。絵解きは夕方から開始し、布絵すべてを語り終える頃には翌日の朝ということも珍しくない。漆黒の闇のなか照らし出された神々を、人びとは固唾を飲んで見守るのである。

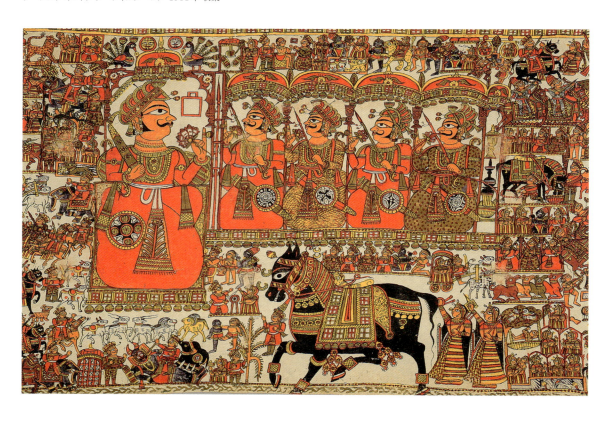

布絵(パル)の前で神々を呼び起こす絵解きボーパー。2013年、インド、ジャイサルメール県

宗教画
インド／ラージャスターン
1982年 収集

4　カールベーリヤー：舞踊の創造へ

カールベーリヤーの女性たちの美しい衣装と舞踊は、タール沙漠の観光化が急激に広がった80年代以降、世界各国からやってくるツーリストたちを魅了しつづけてきた。本来このコミュニティは蛇使いを生業とした遊動民であったが、1972年に制定された野生生物保護法により、コブラ・ヘビ等の爬虫類との接触が禁じられることで、抜本的な生存戦略の変更を余儀なくされてしまった。新たな戦略のひとつとして、女性たちがコブラの動きを模した舞踊を披露することによって、観光・芸能市場へ参入するという方途が取られた。この過程で、前述のラーンガーやマーンガニヤールといった旧来の楽師集団は、ステージ上でカールベーリヤーのダンサーたちのバックで演奏する伴奏者としての位置付けへと定着していった。

「ラージャスターン民俗芸能」のひとつの核として有名となったカールベーリヤーの女性たちの舞踊は、90年代のジプシー（ロマ）・ブームに乗ることで世界的に活躍の場を広げ、2010年にはユネスコの世界無形文化遺産に登録されるまでにいたったのである。今ではその舞踊を学びたいと、世界から人びとが集まるようになっている。

ツーリスト用のステージで舞うカールベーリヤーの女性たち。2013年、インド、ジャイサルメール県

第 3 章

ベンガルの吟遊行者と絵語り｜岡田恵美

ベンガル地方は、インド東部の西ベンガル州とバングラデシュにまたがる。アジア初のノーベル文学賞を受賞したラービンドラナート・タゴール（1861–1941 ベンガル語読みではロビンドロナト・タクル）など数多くの詩人を輩出し、柔らかな響きのベンガル語の詩や歌は人びとの日常に息づいている。ここでは、現代を生きるベンガル地方の吟遊行者バウルと絵語りポトゥアの歌世界を見ていこう。

1　吟遊行者バウルの道

バウルとは、出自や宗教を問わず、俗世の地位や財産を断ち、みずからの意思によってバウルの道へ入門した修行者だ。怒りや執着、嫉妬、欲望、迷いといった感情を抑制するための精神的、身体的修行を続け、内在する魂との合一を探求する。托鉢も修行の一環で、師匠や先達のバウルから継承した言葉や詩を唱え、一軒一軒を巡って人びとを祝福する。修行道場を構えたバウルは、訪れた人びとに食事を施し、近隣社会は米や金銭のお布施を捧げて敬う。つまり社会と隔絶した存在ではない。こうした従来の修行者に対し、近年ではその歌唱

バウルのアシュラム（修行道場）。2023 年、インド、ボルプル（本章掲載の写真は資料写真を除きすべて筆者撮影）

弦楽器エクタラ(左)、コモク(中央)、ドタラ(右)の伴奏に合わせて歌うバウル。2023年、インド、ジョイデブ・ケンドゥリ

のみを生業とする芸能者としてのバウル歌手も増え、多層化が進む。

　バウルは、人間の身体を小宇宙と捉え、修行によって己に宿る永遠の魂(モネル・マヌシュ=心の人)と一体化することを究極とする。一見素朴な歌詞には二重の意味が含まれ、魂や身体、生死、再生、愛など、バウルの叡智が歌を通して伝承されてきた。左手で一絃琴エクタラ、右手で太鼓ドゥギ、足首につけた鈴でリズムを刻み、踊りながら滔々と歌うのが伝統的なスタイルである。聴衆は手拍子で応え、その歌に没入して涙を流す者もいる。バウルの歌は、20世紀初頭、タゴールを通して世界的に知られるようになり、2008年にはユネスコの無形文化遺産に登録(2005年宣言)された。

　バウルと呼ばれる一種の吟遊行者のなかに、フォキルと名乗る人たちもいる。バングラデシュの国民的詩人フォキル・ラロン・シャハ(生年不明–1890)は、行者であると同時に、宗教対立やカーストによる差別を否定し、人間愛を貫いた社会変革者であった。ラロンやその弟子が継承してきた歌は、イスラームやヒンドゥー教といった

ラロンのモザイク像と現代のフォキルたち。2023年、バングラデシュ、クシュティア

第3章：ベンガルの吟遊行者と絵語り｜岡田恵美

宗教や信仰を超え、現代のベンガル人に愛されている。バングラデシュ西部のクシュティアには、ラロンの教えと師弟の系譜を受け継ぐ弟子たちが暮らす。師匠へ心を捧げて入門し、長年の修行後(12年間、全く発話しない修行をした者もいる)、師匠からの継承式では8種の品(袋、首飾り、上着、腰巻、褌、ショール、杖、壺)を授かり、シャハと名乗る。

1　バングラデシュで若者に人気のバウル歌手 シャゴル・バウル。2023年、バングラデシュ、ダッカ
2　バングラデシュ首都の街並。2023年、バングラデシュ、ダッカ
3　托鉢姿の修行者 ノンド・ボイラッゴ。2023年、インド、ボルプル

3

第3章：ベンガルの吟遊行者と絵語り｜岡田恵美

1 エクタラを爪弾きながら歌うフォキル。2023年、バングラデシュ、クシュティア
2 国民的詩人フォキル・ラロン・シャハから数えて5代目の弟子夫妻と信奉者たち。2023年、バングラデシュ、クシュティア
3 鍵盤楽器ハルモニウムとエクタラを伴奏に歌うフォキル。2023年、バングラデシュ、クシュティア
4 ラロン廟を参るフォキル・モッホロム・シャハ夫妻。2023年、バングラデシュ、クシュティア
5 近隣を托鉢するフォキル・カリムウディン・シャハ夫妻。2023年、バングラデシュ、クシュティア

1

2

第Ⅰ部

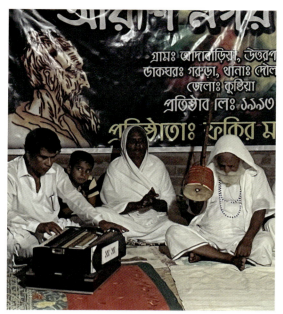

3

4

5

第3章：ベンガルの吟遊行者と絵語り｜岡田恵美

弦楽器 ドタラ／インド／ボルプル／ 2023 年 収集／ Tarun Das 作

楽器職人 タルン・ダス。2023 年、インド、ボルプル

弦楽器 サリンダ／インド／ボルプル／ 2023 年 収集／ Tarun Das 作

弦楽器 コモク／インド／ボルプル／2023年 収集／Tarun Das 作

楽器 マンジーラ／インド／ボルプル／2023年 収集

太鼓 ドゥブッキ／インド／ボルプル／2023年 収集／Tarun Das 作

弦楽器 エクタラ／インド／ボルプル／2023年 収集／Tarun Das 作

太鼓 ドゥギ／インド／ボルプル／2023年 収集／Tarun Das 作

2　絵語りポトゥアとして生きる

「皆さん、聴いてくださいよ！」

ポトゥアの絵語りは、周囲によびかける歌から始まる。

ポトゥアとは、インド東部の西ベンガル州を中心に、隣接州やバングラデシュ西部にも確認される職人カーストである。歴史を遡ればヒンドゥー教徒であったが、イスラームに改宗した集団や、そこから更にヒンドゥー教に再改宗した集団など、宗教的にも多層な分布がみられる。その多くはヒンドゥーの神像製作や絵師を職業としてきた。本展示では、西ベンガル州に広がる田園地帯、西メディニプル県ノヤ村にて絵語りを生業とするポトゥアに着目した。

2023年、ノヤ村には250人ほどのポトゥアが暮らし、彼らは全員イスラーム教徒だ。だが大半はイスラーム名をもたず、ヒンドゥー名と絵師を意味するチットロコルを自称し、みずからが描いた「ポト絵」をもちいて物語を歌で紡ぐ。30年ほど前までは近隣のヒンドゥー教徒の村々を巡って物語を歌い、村びとはポトゥアに対して食料や金銭を施してきた。ポトゥアによる絵語りは、当時の数少ない娯楽のひとつであると同時に、ヒンドゥーの神々への信仰や、文字が読めない村びとへ道徳的な啓蒙を媒介する機能を果たした。

ポト絵の多くは縦長の巻物で、物語は上から下へとコマ割りされて展開し、長いもので5メートルにもおよぶ。黒色が際立つ輪郭線と、自然顔料で彩色されたポト絵には、ドゥルガー女神やクリシュナ神といったヒンドゥー教の神々や、地母神である蛇の女神モノシャの物語、またラーマーヤナの一節などが大胆な構図で描かれる。そうしたポト絵を上から下へと該当する場面を指差しながら、村びとを聴衆にして、旋律をともなってポトゥアは歌う。ノヤ村のポトゥアは、その時々の社会問題も巧みにポト絵に取り入れてきた。たとえば、花嫁の持参金問題（持参財が少ないことによる嫁ぎ先からの迫害や殺人）や森林破

ノヤ村の女性ポトゥアによる集団での絵語り。2023年、インド、ノヤ

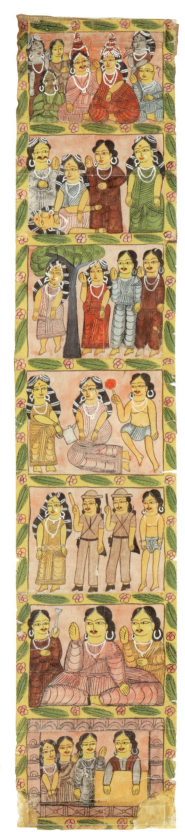

1　ポト絵《ダウリ
　（花嫁の持参金殺人）》／
　インド／西ベンガル／
　2023年 収集／
　Shyamsundar Chitrakar 作
2　ポト絵《魚の結婚式》
　（弱肉強食を示唆した作品）／
　インド／西ベンガル／
　2022年 収集／個人蔵

1

2

第3章：ベンガルの吟遊行者と絵語り｜岡田恵美　　　　048｜049

第 I 部

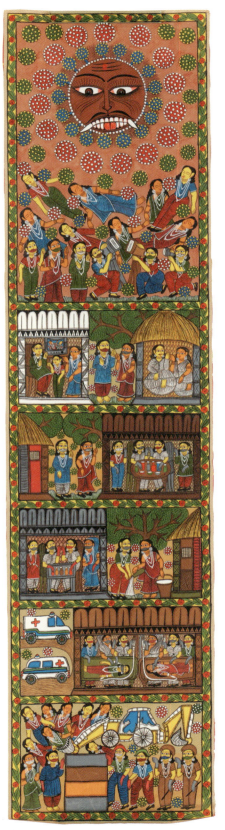

2

1 コロナウイルスについての絵語り。2022年、インド、ノヤ
2 ポト絵《コロナウイルス》インド／西ベンガル／2022年 収集／Amit Chitrakar 作

第3章：ベンガルの吟遊行者と絵語り｜岡田恵美

050 | 051

ポト絵を描く

下絵を鉛筆で描く

天然顔料で彩色する

黒色で輪郭を描く

白色で装飾を施す

壊に対する警鐘、近年ではコロナウイルスの脅威とワクチン接種といった啓発的な主題である。

1990年代以降、農村部にもケーブルTVやインターネット、スマートフォンが次々と普及すると、ノヤ村のポトゥアは村々を巡ることを止め、一時はポトゥアの数も減少した。だが近年は、民俗芸能に対する州政府やNPOの支援に加え、毎年ノヤ村で開催されるポト・マヤ祭の観光資源効果もあり、ポト絵やさまざまな絵付け作品の販売によって生計を立てている。

イスラームとヒンドゥーの狭間で、変化に対して柔軟性を発揮し、巧みに生きるポトゥア。70代のラニ・チットロコルは、村の女性たちのために歌唱や絵画の教室を開催し、女性の社会進出や技術向上、その伝承に尽力してきた人物だ。「技術を教えた若い世代が活躍しているのは嬉しい。常に歌と絵を学んで、絵語りとしてのポトゥアを継承してほしい。忘れずにいれば、私たちはそれで生きていけるのだから」と彼女は語る。かつて村を巡っていた彼女は、歌と語りがもつ力を知っているからこそ、単に絵師ではなく、絵語りでありつづける。現在のノヤ村では、女性の集団歌唱によって力強い絵語りが復興している。

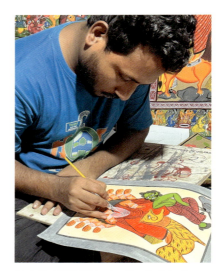

ドゥルガー女神を描くシュショボン・チットロコル。2023年、インド、ノヤ

［謝辞］

民博でのバウル、ポトゥアの展示に関して、かずみまき、パルバティ・バウル、阿部櫻子（映像撮影）、スディップ・シンハ、パロミタ友美（翻訳協力）、外川昌彦（ラロン翻訳提供、映像作品助言）、丹羽京子（映像作品助言）、金基淑（ポトゥア資料提供、映像作品助言）をはじめ、ご協力いただいた方々に厚く御礼申しあげます。（敬称略）

書籍の挿絵を手掛けたモヌ・チットロコル。2022年、インド、ノヤ

蛇の女神モノシャのポト絵をもつオミット・チットロコル。2022年、インド、ノヤ

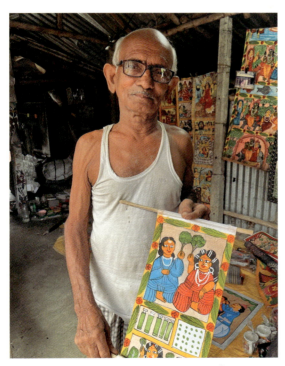
植林のポト絵をもつシャムシュンドル・チットロコル。2023年、インド、ノヤ

村の女性の進出に貢献したラニ・チットロコル。2023年、インド、ノヤ

第4章

ネパールの旅する楽師｜南真木人

「ヒマラヤの吟遊詩人」とよばれてきたネパールの楽師カースト、ガンダルバ。彼らは村々を旅して歩き、擦弦楽器サーランギの弾き語りをしてきた。だが、1970年代からツーリストを顧客とする商売に転換し村周りをやめた。生業の変容と音楽の継承を考える。

1 ガンダルバ

ネパールの首都カトマンズに地元の人から「西洋人村（クイレ・ガウン）」と揶揄される、タメルというツーリスト街がある。そこを歩いていると、どこからか哀愁を帯びた音色や歌声が聞こえてくる。ガンダルバという楽師カーストの男性がツーリストからチップを得たり、楽器や自作の音楽CDを売ったりしようと、擦弦楽器サーランギを弾き流しているのだ。彼らは「ガンダルバ文化芸術協会」とい

ガンダルバの何人かに尋ねたが氏名不詳。国立民族学博物館ネパール写真データベースより。1958年、ネパール、カトマンズ郊外。撮影：高山龍三

う名札を下げ、自分たちは真正な専業楽師であり、サーランギはネパールの伝統文化であることを主張しているのである。ここでは、ガンダルバの生業（なりわい）の変容をたどり、サーランギ音楽の継承について考えたい。

ガンダルバとは男性の伝統的なカースト職業が楽師である、ネパール語を母語とするカースト集団である。その人口は6971人（2021年）で、全人口約2900万人の0.02パーセントを占める。西ネパールのダン郡、カスキ郡、スルケット郡などに多く住むが、元々は王宮付きの楽師として小王国の王都に散住していたと推測され、いくつかの王都があったカトマンズ盆地内にも3つのガンダルバ集落がある。

　ネパールは人びとが何れかのカーストに属するカースト社会だが、ガンダルバはその階層において不可触カースト集団のひとつに位置づけられ、さまざまな差別を受けてきた。そうしたなか、ガンダルバの元々の姓でカースト名でもあった「ガイネ」は、歌い歩く（ガイ・ヒドゥネ）から派生した蔑称だと彼ら自身が捉え、1960年代頃からガンダルバ、ネパリ、ガエク、ガンダリなどに改姓してきた。なかでもガンダルバ（天界の楽師）は、アプサラス（天女）と伴にヴェーダにも登場する半神に由来し、多くがそれに改姓した。今日、ガンダルバという姓は、「ガイネ」に代わるカースト名としてもちいられ、他称としても定着しつつある。ただし、最新の国勢調査（2021年）ではいまだに「ガイネ」と表記されており、運動は道半ばだ。

ガンダルバは1980年代頃まで、ネパールの村々や北東インドまで旅して歩いて4弦の擦弦楽器サーランギの弾き語りをし、対価として穀物や金銭を得てきた。歌うのは自作のあるいは口頭伝承された、為政者の英雄叙事詩、殺人事件や災害等の叙事伝、ヒンドゥー神話、形而上学的歌、祝詞や吉祥歌、民俗歌謡などであった。彼らは旅を通じて外の世界を知り、また人の世の機微に触れ、そこから得た知識や情感を歌にした。また、行く先々の音楽や歌を取りいれるなど、旅することが曲つくりや歌と結びついていた。逆に村びとも娯楽が少ない時代にあって、情報伝達者でエンターテイナーでもあり、人によっては呪医でもあるガンダルバの来訪を心待ちにしていた。

　ガンダルバが奏でる音楽には呪術的な力があるとされ、彼らは訪問先の家人の健康や繁栄、豊作などを歌で祝福し祈願した。地元のヒンドゥー寺院やカトマンズの王宮における儀礼の始めには、ガンダルバによる祝詞の歌が欠かせず、そうしたサービスの提供に対して寺院や王室から年季報酬を得る楽師もいた。だが、ラジオの普及や近代化、ガンダルバとツーリストとの出会いなどにより、村周りの旅や儀礼での演奏は次第にすたれて今日にいたっている。

ジャラクマン・ガンダルバの代表曲を歌うダン・バハードゥル・ガエク。2016年、ネパール、バトゥレチョール。筆者撮影

伝統的なサーランギ（長さ59 cm、重さ937 g）。ヤギの腸弦が張られ、弓に鈴がつく。ネパール／ゴルカ郡／1980年代 制作／2017年 収集／クリシュナ・バハードゥル・ガンダルバ作・演奏／個人蔵

2 ツーリストとの出会い

ネパールが外国人に門戸を開いたのは1951年以後であり、1970年代にはカトマンズ盆地内に住むガンダルバが、真っ先にツーリスト相手にサーランギの演奏や歌を聞かせるようになった。彼らは村を周らなくても、観光地の王宮広場や主要な寺院で商売をすれば、ツーリストから破格の金銭が得られることに気づいたのだ。右の写真の小型のサーランギは1974年に収集されたものだが、当時すでに土産物用楽器がつくられていたことを示す。やがて彼らはサーランギの弾き流しから、土産物の露店の経営に移っていった。第一級のサーランギ奏者として高名なバーラト・ネパリ(1954年–)やハリ・サラン・ネパリ(1955年–)も、1970年代後半にスワヤンブー寺院の参道に露店をもち、副業として現在も続けている。パシュパティナート寺院でも装飾品の路上販売をする7人の女性のうち6人がガンダルバである。ガンダルバはツーリストと出会い、観光産業に新たな収入源を見出したのである。

ツーリスト向けの小型の土産物サーランギ(長さ37cm、重さ336g)。
カトマンズ／1974年 収集

ツーリスト街タメルで土産物サーランギを弾き流すスッパ・ガンダリ(手前)。2017年、カトマンズ。筆者撮影

ツーリストとの出会いは別の副産物も生んだ。ハリ・サランの兄で、サーランギの巨匠とよばれた故ラム・サラン・ネパリ（1950-96年）は、1970年代に自分の露店に集うヒッピーと交流するなかでギターの金属弦を入手し、それまでナイロン弦であったサーランギに張ってみた。それに応じて自作するサーランギの素材も硬く重い木を選び、大きな共鳴胴をもつ丸い形に変えた。高音で明瞭な大きな音が出せ、打楽器などとの合奏も可能な「金属弦サーランギ」の誕生だった。ラム・サランやバーラト、ハリ・サランなどは、金属弦サーランギの形態や奏法の工夫を重ね、インド古典音楽やネワールの音楽文化をも取りいれた器楽曲の演奏を極めるようになった。早逝だったラム・サランを除くふたりは、コンサート会場での公演や五つ星ホテルのロビーでの演奏、海外公演などに従事し、大学の音楽学部でサーランギ講師を務めるまでになっている。

　だが、カトマンズ盆地内出身のガンダルバでサーランギを弾く人は、彼らとその子や孫世代を含め10人しかいない。その多くは金属弦サーランギの名演奏家で、音楽活動や後進の指導に就く。カーストや民族、国籍、性を超えた多くの若者が、彼らから金属弦サーランギの弾き方を習い、奏者が育っている。指導者になったり、フュージョン・バンドでサーランギを弾く非ガンダルバも出ている。サーランギ＝ガンダルバという等式は過去のものとなり、非ガンダルバのサーランギ奏者の数がガンダルバのそれより多い時代を迎えているのだ。

金属弦のサーランギ（長さ56cm、重さ1507g）。硬く重いチーク材製で共鳴胴は丸みを帯びる。カトマンズ／2010年代 制作・収集／バーラト・ネパリ作、バンチャ・パリワール演奏／個人蔵

1982年の調査隊も演奏を録音していたバーラト・ネパリ。教え子の日本人奏者たちはバンチャ・パリワールとして演奏する。2017年、カトマンズ。筆者撮影

1982年の調査隊の前で演奏するジャラクマン・ガンダルバ。1982年、カトマンズ。撮影：馬場雄司

ジャラクマン・ガンダルバが国内公演で弾いたナイロン弦のサーランギ（長さ53cm、重さ812g）。カトマンズ／1990年代／個人像

3 タメルのガンダルバ

それでは冒頭で紹介したタメルでツーリストが出会うガンダルバとは何者なのか。彼らはゴルカ郡やタナフ郡、ラムジュン郡など地方の村出身のガンダルバで、タメルがツーリスト街になりはじめた1980年代、単身で出稼ぎにきた人びととその第二世代になる。最初にきた現在50〜60代の第一世代は、村を周った経験をもつ最後の人びとで、タメルでもナイロン弦のサーランギの弾き語りをし、サーランギを売って村に残した家族を養ってきた。ツーリストが耳にしているのはナイロン弦サーランギの音色になるが、そもそも金属弦サーランギは重くて立ったまま弾くことなどできないのだ。

最初は数人だったタメルのガンダルバは次第に増え、1995年頃のピーク時には約100人を数えた。彼らは1995年にガンダルバ文化芸術協会という互助組合を設立し、タメルに事務所を構えて、販売するサーランギを共同で仕入れて保管し、サーランギ教室や休憩の場として活用している。また、「サーランギ・デー」という催しを企画し、サーランギ音楽の紹介と発展に努めてきた。第二世代の若者が会長になった2012年からは「音楽を通じた、社会的な敬意と尊厳のある生き残り」という標語の下、ストリートからステージへという運動を始め、レストランなどのステージ上で演奏する機会を開拓している。

タメルのガンダルバのなかには外国人ツーリスト、とくに音楽家と友人になり、海外公演によばれ、海外で働き出す者も少なくない。かつては村むらを周っていた旅する楽師は、形を変えて海外への旅を続けている。2000年代になると、他のカーストの若者と同じように、移住労働者としてマレーシアや湾岸諸国に出かける人が増え、現在タメルで演奏する協会員は約20人に減少している。残っているのは、第一世代の中高年と大学は卒業したが就職できず、サーランギの演奏に回帰してきた若者くらいで、このまま減りつづけることが懸念されている。

1

1 タメルのレストランで演奏するサムンドラ・バンド。サーランギ奏者はブッダ・ガンダルバ。2016年、カトマンズ。筆者撮影
2 ガンダルバ文化芸術協会の事務所に集う。中央はナル・バハードゥル・ガンダリ元会長。2017年、カトマンズ。筆者撮影
3 ガンダルバ文化芸術協会主催「第11回サーランギ・デー」の開会式。出演者のサーランギが並ぶ。2017年、カトマンズ。筆者撮影

2

3

4 サーランギ音楽の継承

ネパールではかつて、サーランギはガンダルバの楽器だとされ、サーランギをもって歩いている人は、すなわち「ガイネ」であると見下されたり、差別的待遇を受けたりしてきた。差別への対抗措置としての改姓は、色のついていないガンダルバというカースト名の周知につながり、一定の効果をあげている。ラム・サラン・ネパリや第2部2章で言及するジャラクマン・ガンダルバ（1935-2003年）のような国民的演奏家や歌手が、ラジオ放送などによって人気を博したことも、ガンダルバのイメージ向上に貢献している。だが、多くのガンダルバは差別を嫌って、とうのむかしにサーランギから離れてきたことは否めない。現在もサーランギで生計をたてるガンダルバは、推測になるが、全国で100人にも満たないはずだ。

タメルのガンダルバ文化芸術協会の元会長ナル・バハードゥル・ガンダリ（1970年代-）は「今後10年で、タメルのサーランギ奏者は消え去るでしょう。サーランギの商売では食べていけないからです」という。同様に、名声と大学講師という地位を得たバーラト・ネパリにしても「おそらく、あと10年もすれば、ガンダルバの伝統的な仕事はなくなるでしょう。サーランギでは望むべく名声や収入が手に入らないからです」といい、自分は例外だとする。生業としてのガンダルバのサーランギ演奏は、風前の灯火のように見受けられる。

幸か不幸か、金属弦のサーランギを習う非ガンダルバの人は増えており、ハリ・サランの息子キラン・ネパリ（1990年代-）が目指してきた「ギターのように、サーランギをだれのものでもない楽器にしたい」という目標はかないつつある。ナイロン弦のサーランギを使った弾き語りを習いたいという人も、金属弦サーランギの人気には及ばないが多少はいる。ガンダルバの子弟向けにナイロン弦のサーランギ教室が開かれているガンダルバ集落もある。だが、即興でウィットに富む歌詞をつくり、人びとを楽しませる、ガンダルバの真骨頂であった弾き語りの文化までが、継承されるかは心許ない。それは旅する楽師ガンダルバの生業に付随した技能だったからである。

1

1 ジャラクマン・サーランギ学校の生徒たち。かつては禁止されていた女性のサーランギ演奏も解禁。2016年、ネパール、バトゥレチョール。筆者撮影
2 ナイロン弦のサーランギ（長さ58cm、重さ985g）。弾き流しに使われていた。ネパール／ポカラ／2010年代制作／ラム・ラル・ガエク作・演奏／個人蔵
3 ガンダルバの青年が結成したラクチャ・バンド。中央の撥弦楽器アルバージ（奏者ビノド・ガエク144頁参照）はサーランギ以前のガンダルバの伝統的な楽器とされる。2016年、ネパール、バトゥレチョール。筆者撮影

第4章：ネパールの旅する楽師｜南真木人

第5章

瞽女(ごぜ)——見えない世界からのメッセージ｜広瀬浩二郎

盲目の旅芸人・瞽女は、娯楽の少ない農村に多様な唄を届けるエンターテイナーであり、治療師、カウンセラーとしても活躍した。古くは室町時代の史料に登場し、江戸時代には瞽女の集団が全国に分布していた。しかし、近代化に伴い瞽女の数は減少し、2005年には「最後の瞽女」と称される小林(こばやし)ハルが亡くなった。本章では「見えない世界」をキーワードに、瞽女の役割、瞽女文化の今日的意義を考える。

1 はじめに——「サウンド・スケール」への道

僕は悩んでいた。いや、もがいていたという方が適当だろうか。特別展「吟遊詩人の世界」において、瞽女(盲目の女性旅芸人)の展示コーナーを担当することは早くから決まっていた。2021年9月‒11月、僕は実行委員長として特別展「ユニバーサル・ミュージアム——さわる！"触"の大博覧会」の運営に携わった。関係者多数の協力の下、コロナ禍の真っただ中で「さわる展示」を成功させることができた事実は、僕に大きな自信と達成感を与えた。ただ、ライフワークの集大成ともいえる「ユニバーサル・ミュージアム」展で、自分の本来の専門、研究の原点である盲人芸能に関する展示を入れこむことができなかった悔しさは、僕のなかに残った。

もともと、僕は九州地方の琵琶法師(地神盲僧)、東北地方の盲巫女(イタコ)に関するフィールドワークをベー

上越市にある「瞽女ミュージアム高田」には、江戸時代から活動を続けてきた高田瞽女に関する貴重な資料が収蔵されている。本章に掲載する高田瞽女最後の親方・杉本キクイ(1898‒1983)関係の写真は、いずれも1960‒70年代に撮影されたもので、瞽女ミュージアム高田提供による。

瞽女の旅姿。
撮影：霜鳥一三
©新潟日報社

瞽女の旅姿。撮影：霜鳥一三 ©新潟日報社

スとし、1990年代から日本における盲目の宗教・芸能者の歴史を研究してきた。新潟県下に残存する瞽女の活動にも関心をもち、地方史・民俗学関連の文献を集めていた。「いつかは盲人芸能者について、自分にしかできないような展示をやってみたい」。国立民族学博物館（民博）着任後、こんな思いを温めてきた。

瞽女や琵琶法師の展示といえば、多くの人は写真展をイメージするだろう。実際、瞽女に関しても未発表資料を含め、1960年代以降の記録写真が役所・図書館等で保存されている。また新潟県下では、瞽女が使っていた三味線・装束・生活用具などを収蔵する博物館も少なくない。写真や道具を借用すれば、瞽女を紹介する「見せる展示」を組み立てることは容易い。しかし、「ユニバーサル・ミュージアム」を推進してきた僕が担当する展示が、そんな形でいいのか。あり得ないことだが、もしも瞽女が僕の展示を訪ねてきたとしたら、どうだろう。きっと彼女たちは、写真とガラスケースが並ぶ展示場で立ちすくみ、戸惑うにちがいない。

次に僕が考えたのは、"音"を中心とする展示である。

1960-70年代に収録された瞽女唄のレコード、CDは多い。そのうちのいくつかは今日でもネット等で簡単に入手できる。今回の展示では未公開の（市販されていない）音源にこだわった。たしかに、一般来館者に瞽女唄を聴いてもらうのは有意義であり、瞽女の実像の理解にもつながるだろう。とはいえ、博物館の無機質な展示空間で、しかもデジタル録音されたCDを流しても、それは本物の瞽女唄とは異なる点は注意が必要である。瞽女唄とは伝統的な日本家屋（農家）の座敷、あるいは門付け（玄関先）で日々の暮らしの雑音とともに聴かれていた点は強調しておきたい。

瞽女が旅していた道を僕自身が歩いてみるのはどうか。いわゆるサウンドスケープのような形式で、瞽女が感じていた「音風景」を再現する展示も検討した。だが、瞽女が新潟・長野県下の各地を歩いていたのは1970年代までである。瞽女が旅をしなくなって50年ほどが経過した今、地図上で同じ道を歩き、風音や木々のざわめき、鳥の鳴き声を録音する。はたして、そこにどれだけのリアリティがあるのか。現地に足を運び、その

場の雰囲気・気配・空気を体感する意義はあるが、単に録音した"音"を博物館で流すことに、僕は積極的な価値を見出せなかった。

「サウンドスケープも難しいか」と僕が試行錯誤しているときに思いついたのが、「サウンド・スケール」（sound scale）という新たな概念である。英語の「scale」にはさまざまな意味があるが、ここでは次の三つに着目したい。①測定器具、②鱗、③音階。「音＝スケール」と規定すれば、独自の切り口で瞽女の生態を分析できるのではなかろうか。

客観的に、僕は瞽女文化に注目する人類学者、視覚障害の当事者ではあるが、瞽女研究者とはいえない。瞽女が消滅し、瞽女唄を直接聴いた経験をもつ人も高齢化、減少している現在、瞽女に関する調査の新展開は期待しにくい。新潟県下には未発表・未整理の資料が存在するが、それらを地道に積み上げ確認していく作業は、遠方に住む僕には荷が重い。では、僕の特徴、強みは何なのだろう。やはり、それは瞽女と同じ「無視覚＝無死角」の当事者性にあるのではないか。以下では特別展の展示セクションに即して、視覚障害者である僕の体験を交えつつ、「サウンド・スケール」論を述べていこう。

本特別展の瞽女コーナーでは、「さわる」体験を重視している。精巧な模型（立体物）にさわると、写真・映像を「見る」だけではわからない瞽女の実像・情感に近づくことができる。
越後瞽女人形／2013年 収集／大和物産 作

2　歩く＝瞽女の旅

瞽女は旅を日常としていた。1年のうち、300日以上は旅に出ていたという記録もある。一般に瞽女は3–5人の集団をつくり、手引き（誘導役の弱視、または晴眼者）を先頭に、村から村へ移動する。それゆえ、全盲者が単独で歩くケースは少ないが、手引きの不在、懲罰などで一人歩きを強いられることもあった。視覚障害者の移動は危険と隣り合わせなので、自分の命は自分で守らなければならない。瞽女といえば、大きな荷物を背負う旅姿が象徴的だが、この大きな荷物には彼女たちの「自立＝自律」心が内包されている。

視覚障害者が一人で歩く際、頼りになるのは周囲の"音"である。"音"を聴くことによって、物の方向・距離を推し測る。これは、人との声によるコミュニケーションの基本ともなる。"音"の活用法に習熟することが、視覚障害者として生きる第一歩とされる。今日でも中途失明者のリハビリテーションに当たって、まず最初に取り組まれるのが白杖をもちいる歩行訓練である。

瞽女たちは春夏秋冬、各地を歩くなかで、"音"に対する感性を磨いた。旅とは「音に生きる／音で生きる」身体知を身につけるための実践の場だったといえよう。津軽三味線奏者として一世を風靡した高橋竹山（1910–1998）は「芸のために生きるのではなく、生きるための芸を追求してきた」と述懐し、「裏山で鳥の鳴き声、山の響きを聞きながら、三味線の手を考えた」と語っている（『自伝津軽三味線ひとり旅』）。この境地は、瞽女の芸能にも共通するだろう。"音"の方向・距離を測ることは、安全に歩く（生きる）必須条件である。この術に慣れてくると、森羅万象の"音"（万物の呼吸）とともに生きる自己を発見できる。「目に見えない世界」の発見が、「音に生きる／音で生きる」盲人芸能の出発点となる。

「サウンド・スケール」1
（測定器具＝万博記念公園内を歩く視覚障害者の杖の音）
日本を代表する国際的な作曲家・武満徹（1930–1996）は、作曲とは「音の河の中から聴くべき音を掴み出してくること」と定義し、次のように力説する。「私は、作曲という仕事を、無から有を形づくるというよりは、むしろ、既

に世界に遍在する歌や、声にならない囁きを聴き出す行為なのではないか、と考えている」(「私たちの耳は聞こえているか」)。

　僕自身は作曲するセンスをもち合わせていないが、民博のある広大な万博記念公園内を単独歩行していると、しばしば「音を掴み出す」感覚にとらわれる。僕の足音・杖音は道幅、地面の状態、木々や建物などとの位置関係で微妙に変化する。公園内は種々雑多な"音"であふれている。そのなかから必要に応じて目印ならぬ耳印を取捨選択する。そして、耳印となる"音"をつなぎ合わせて、自分なりの地図をつくりあげる。瞽女は場所・季節によって、たくさんの「音の地図」を使い分けていた。この「音の地図」を創造する経験の蓄積が、瞽女唄に広がりと奥行きをもたらしたのはまちがいないだろう。

高田の街を歩く。撮影：霜鳥一三 ©新潟日報社

「サウンド・スケール」1_測定器具＝万博記念公園内を歩く視覚障害者の杖の音。撮影：桑田知明

3 創る＝瞽女唄の響き

　近世の瞽女は、説経節や浄瑠璃などの原材料を再構成して、多様な瞽女唄を練りあげていた。村びとの求めに応じて義太夫節・常磐津節・長唄・万歳も披露するなど、レパートリーは広かった。祭文松坂（段物）、口説が瞽女唄の代表とされるが、それらは三味線の伴奏に合わせて長い物語を暗唱する口承文芸である。通常、祭文松坂は七五調の五句を一節とし、口説は七七調の二句を一節とする。「瞽女がうたう唄が瞽女唄だ」ともいわれるように、多種多様な素材を貪欲かつ柔軟に取り入れていくのが瞽女唄の特徴だった。

　1970年代に相次いで国の無形文化財保持者の指定を受け、黄綬褒章を授与された伊平たけ（1886–1977）、杉本キクイ（1898–1983）、小林ハル（1900–2005）の唄を聴き比べてみるだけで、バラエティに富む瞽女唄の魅力を実感できるだろう。伊平の奔放さ、杉本の色気、小林の迫力。これらは、すべて瞽女唄のエッセンスといえる。

　高橋竹山は、「津軽の三味線を聴けば、そこに津軽が表れてくるような音、においを出したい」と言う。目に見えぬ物の声、心の声を聴き取る耳をもたなければ、風景を描き出すような生きた"音"は創れない。ここで大切なのは反響音・放射音の活かし方、耳の身体化である。"音"を測定器具として使うことを繰り返すと、次の段階では"音"が「鱗＝第二のスケール」に変わっていく。耳の働きが全身に拡張すると言い換えることもできる。鱗とは、敵や環境の変化から身を守る目的で発達した皮

瞽女の門付け。撮影：霜鳥一三 ©新潟日報社

瞽女の門付け。撮影：霜鳥一三 ©新潟日報社

膚の一部、体表を覆う薄片である。瞽女にとっては"音"が鱗的な役割を果たしていたと考えられる。

　瞽女たちは杖・足音の反響で障害物の位置を察知し、危険を回避する。門付けで三味線を鳴らせば、門口の広さ、そこに人がいるかどうかがわかる。瞽女唄は、クラシック音楽のように静かな大ホールで聴くものではない。聴衆の息遣いを感じながら、哀しい唄、下ネタ交じりの滑稽な唄を自在に繰り出す。"音"とは空気の振動である。瞽女唄を育てたのは瞽女と聴き手の共振、拍手・掛け声などの"音"の共鳴だった。

　瞽女たちの全身の皮膚、鱗から紡ぎ出される唄は、聴衆の内面、心にはいりこみ、「目に見えない世界」へといざなう。測定器具としてのスケールは一方向で"音"をとらえるのみだが、鱗のスケールは双方向のコミュニケーションを可能とする。唄を聴いた後、村びとから差し出される米は単なる慰謝の表明ではなく、「目に見えない世界」を共有する連帯感の証であることを付言しておく。

瞽女の門付け。撮影：霜鳥一三 ©新潟日報社

1 瞽女宿での演奏。撮影：霜鳥一三 ©新潟日報社
2 三味線を弾く杉本キクイ（手前）、弟子のシズ（真ん中）とコトミ（奥）。撮影：霜鳥一三 ©新潟日報社

「サウンド・スケール」2
(鱗＝視覚障害者がもちいる筆記具の音の変遷)

僕自身は唄を創ることができない。そこで、創作という点に注目し、視覚障害者が文章を書くときの"音"を取りあげてみたい。そもそも、瞽女や琵琶法師は文字（視覚）を使わない分野で個性を発揮していた。点字の発明により、近代以降の視覚障害者は「健常者と同じことができる」工夫と努力を重ねていく。筆記具は点字盤・点字器からタイプライター、電子手帳へと進化する。近年ではパソコンやスマホの汎用化にともない、点字をもちいずに、音声（画面読み上げ）ソフト、アプリで健常者と同じ文字を読み書きする視覚障害者が増えている。

　点字盤・点字器、タイプライター、電子手帳には独特の"音"、リズムがあった。ところが、パソコンのキーボードを叩く"音"には、健常者・視覚障害者の差がほとんどない。スマホをはじめ、タッチパネルの普及により、視覚障害者は"音"とともに個性を失ってしまったというのは言い過ぎだろうか。点字は、視覚障害者の身を守る鱗的な機能を有している。しかし、点字受験、点字投票などの実現までに長い時間がかかったことからもわかるように、ときにこの硬い鱗が、健常者と視覚障害者を隔てるバリアになってきたのも確かである。そんなバリアを解消する有効な方法として、ICT（情報通信技術）が脚光を浴びている。一方で、鱗をなくしてしまった視覚障害者はおもしろ味がなく、脆弱な存在だと感じるのは僕だけだろうか。

「サウンド・スケール」2＿鱗＝視覚障害者がもちいる筆記具の音の変遷。撮影：桑田知明

4 伝える＝瞽女なき時代の瞽女文化の継承

盲目の天才箏曲家・宮城道雄(みやぎみちお)(1894-1956)は、"音"にまつわる随筆を多く残している。印象的な発言をいくつか拾ってみよう。「人と話をしていると、その声によって、その人々の性格や年齢や容貌までもおよそ想像できる」「声や言葉などを聞いて、職業などもわかるように思う」「音によってその物その物の形を感じる」(「耳の生活」)。「自然の音は全くどれもこれも音楽でないものはない」「自分の歩く所は狭いが、耳や心に感じる天地は広い」(「音の世界に生きる」)。宮城は点字も使うが、大半の場合は口述筆記で随筆を仕あげていた。彼の随筆は、"音"を感じ"音"で書く文章だったのである。宮城にとって"音"は生きる手段であるばかりでなく、彼の生き方そのものが"音"で満たされていたといえるかもしれない。

生き方という面で、次の言葉は興味深い。「目が見えなくなってから、私の生きる道は音の世界に限られてしまった。子どもの頃はそれがどんなに悲しかったかしれない。しかし、箏を習い始めてから段々心持ちが落ち着いてきて、目の見えないことをそう苦にしなくなった。今ではもう悲しいどころか、むしろ幸いだったと感謝している」(「箏と私」)。宮城は「箏には霊が宿っている」と主張し、大自然の"音"、「目に見えない世界」の生命力を巧みに自己の曲に織りこんでいった。箏曲家として国・

ナギソラ
1999年、大阪生まれ。広島市立大学大学院芸術学研究科・彫刻研究室在籍。土地や事物がもつ歴史、人間関係など、不可視の存在や感覚を多様な視点からとらえ、さまざまな媒体を通して造形への展開を試みている。その作品形態は専門分野である彫刻に限らず、パフォーマンスやインスタレーション、漫画など多岐に渡り、常に新たな表現の可能性を追求している。

ナギソラ《わたしのおへそのうちとそと》2024年 制作／個人蔵

ジャンルの垣根を越えて活躍した宮城と、地を這うような旅を続けた瞽女たちを単純に比較することはできない。しかし、同じ盲人芸能の担い手として、宮城に近い心境に達した瞽女もきっといたはずである。

「かわいそう／頑張っている」という近代的な人間観で瞽女を評価してはいけない。瞽女唄が多様であるように、瞽女の生き方も多様だった。第三のスケールは音階である。音階とは、"音"を高さの順に並べた音列集合といえる。西洋音楽では、1オクターブのあいだを12等分した"音"のみを使用して作曲・演奏する。じつは、1オクターブのあいだには無限の"音"が広がっている。全音と半音の組み合わせで形づくられる音階は、融通無碍な"音"との向き合い方、「宇宙＝音の河」の切り取り方ともいえそうである。瞽女唄は、西洋的な平均律では表せない多義性をもつ"音"の宇宙を僕たちに示してくれる。武満徹流に表現すれば、宇宙とは「山川草木の多彩な音階が共鳴する壮大な共音体」なのである。

視覚中心のスケールに依拠するマジョリティ（健常者）とは異なり、瞽女は聴覚中心のスケールを編み出し、宇宙と対峙してきた。十人十色のスケールのあり方が尊重される社会は強くて柔らかい。瞽女文化を支えていたのは、欧米的なソーシャル・インクルージョンの理念とは一線を画する「暗黙の相互扶助」だった。瞽女文化とは、聴覚スケールに基づいて「目に見えない世界」にアプローチする人間の生き方を指す。この瞽女文化が、健常者（村びと）と盲人（瞽女）の協働によって成長してきた歴史は重要である。瞽女なき時代に瞽女文化を再解釈・再創造する挑戦は、僕たちに「近代」を乗り越えるヒントを与えてくれるにちがいない。

特別展「吟遊詩人の世界」では、若手美術家・ナギソラ氏のテラコッタ作品《わたしのおへそのうちとそと》を展示している。あえて僕は、瞽女をまったく知らない世代の女性アーティストに、瞽女を主題とする作品制作を依頼した。ナギソラ氏は瞽女唄のひとつ「へそ穴口説」に着想を得て作品を完成させた。目・鼻・耳・口などの穴にはそれぞれ役割、楽しみがある。でも、生まれてくるときにはなくてはならなかったへその穴には、何も楽しみがない。へその哀れさをコミカルにうたう「へそ穴口説」は卑猥なフレーズも織り交ぜて、大いに宴会を盛りあげた。

ナギソラ氏は、へそ穴とは瞽女の「女性性」の投影な

のではないかと感じたという。へそ穴は身体の中央に位置しているが、普段は外界に接することがない。そして、この穴は目に見えない体内への入口でもある。へそ穴はどこへつながっていくのか、人間の内部（内面）はどんな形をしているのか。目に見える表面から、目に見えない深奥、根源へ。そんなことを想像しつつ、ナギソラ氏の彫刻作品にじっくりさわっていただきたい。作品と鑑賞者の手が触れ合う"音"の変化（各人各様の音階）にも注目、いや注耳しよう。

「サウンド・スケール」3
（音階＝博物館で「世界」に触れる手の音）

音階とは企画化・標準化できない"音"の配列、すなわち人の生き方だとすれば、僕にとっての音階は世界に触れることである。ご存じのように民博には、世界各地の人びとが生活のなかで利用してきたモノが展示されている。古今東西、博物館は視覚に訴える、見学を前提とする展示を開発・実施してきた。民博では、モノの魅力をダイレクトに感じてもらうために露出展示を採用している。「見る／見せる」ことで得られる情報は多く、そのインパクトも大きい。他方、民博の展示資料は、人の手によって創り使い伝えられてきた。それらの資料に手で触れてみると、「創・使・伝」を追体験することができる。

「ユニバーサル・ミュージアム」研究に着手した当初、僕のなかでは「世界とつながる」意識が強かった。視覚障害者をはじめ、従来の博物館から疎外されてきたマイノリティ集団は少なくない。そういったマイノリティたちが博物館とつながることが、「ユニバーサル」の最初の課題だと考えた。「ユニバーサル・ミュージアム」の活動が深化する過程で、徐々に僕は「世界をつなげる」実践を試みるようになる。スケールが測定器具（耳）から鱗（体）、音階（心）へと発展していくプロセスと同じである。展示物の背後には、必ず人がいる。モノにさわるとは、「創・使・伝」の担い手と鑑賞者をつなげる行為である。触察鑑賞は、僕たちが「目に見えない世界」を探索する有力な手法といえる。

「目に見えない世界」を媒介とすれば、瞽女と触察鑑賞が密接にかかわっていることがご理解いただけるだろう。民博にはさまざまな形状、サイズ、素材の資料が並んでいる。つるつる／ざらざら、温かい／冷たい、硬い

／軟らかい、重たい／軽い……。手触りのちがいを味わいながら、触察する手を四方へ伸ばす。来館者たちのあの手この手が展示場に集い、豊かな"音"の響きが重なり融合する。瞽女なき時代、政治的・経済的停滞が続く今日の日本にあって、測定器具・鱗・音階の3要素を兼ね備えたスケールの大きな人物が、特別展「吟遊詩人の世界」から各方面へ旅立っていくことを切望する。

187頁掲載のリンク先より、「サウンド・スケール」1～3に対応する声による解説「歩く──音で生きる」「創る──音に生きる」「伝える──音が生きる」をお聞きいただけます。

「サウンド・スケール」3_音階＝博物館で「世界」に触れる手の音。撮影：桑田知明

第5章：瞽女──見えない世界からのメッセージ｜広瀬浩二郎

第6章

うたが生まれる心の小道｜矢野原佑史

現代日本の語り部として、ラッパーの志人（しびっと）に焦点をあて、彼の詩や楽曲がどのように生まれ、世に出ていくのかを紹介する。彼は、詩的表現と音楽性の双方において、日本古来の韻律史を現在進行形で更新しつつ、「なつかしい未来」なるタイムレスな表現を試みる。ここで、現代日本が生んだ孤高の詩人の心のなかを垣間みてもらい、韻律という人類の営為を各々の胸中にて解きほぐしてもらいたい。この "小道" を歩いて外へ出た時、あなたの心がそれぞれの "詩作"（しさく）へと向かっていますように。

1 文字以前の文化としてのラップ

「韻律をもちいることで、伝えたい思いやストーリーを聞き手へと巧みに伝える」という人間文化は、世界じゅうの古典叙事詩でもみられるし、文字が誕生するずっと以前から存在したと考えられる。この気の遠くなるようなむかしから脈々と紡がれてきた韻律史のなかでもっとも若い形態は、現在世界じゅうで流行している「ラップ」である。ラップは、"最新スタイルの衣服" をまとってはいるが、じつはその身は「もっとも古い人間文化のひとつ」なのだ。

ラップは、1970年代に米国・ニューヨークで産声をあげたヒップホップ・カルチャーを構成する主要要素のひとつである。ニューヨーク出身のラッパー・KRS-ONE（ケー・アール・エス・ワン）によると、他にも「ブレイキン breaking」、「ディージェイ DJ」、「グラフィティ graffiti」、「ストリート（で）の生き方／知恵 street-wise」の要素がある。ラップの起源には諸説あるが、発祥地のアメリカを飛び出てジャマイカのトースティングへと辿ることもできるし、果てはアフリカの口頭伝承文化へと接続することも可能だ。アフリカ大陸には、文字をもたない社会、あるいは「文字を生み出さない道を選んだ社会」が多い。声を文字にしてしまうことで失われる重要な情報が「音」にあるからだ。

ラップをおこなう者のことをラッパーとよぶ。また、ラッパー同士が輪となり、同じ音楽の上で互いのラップを途切れさせずに披露し合う場を「サイファー cypher」とよぶ。日本文化における韻律史と照らし合わせるなら、ラップは連歌のようでもあり、ラッパーとはまさに現代の連歌師とよべる存在である。韻律は太古のむかしから世界じゅうに存在してきたものであるし、ヒップホップという総合的カルチャーはまちがいなくニューヨークの若者たちによって生み出されたものであるとしても、ラップ自体は日本の古典的民衆芸能にも接続され得るものである。ここ日本においても、あらゆる階級の人びとが、各々の心に仕舞うに仕舞えぬ感情・感動・痛みを詩（うた）にして伝えてきたのである。

本展示では、現代日本において達人の領域にあるラッパーたちのなかでも孤高の位置にいるアーティスト／吟遊詩人である志人が生んできた作品とそれらが生まれるまでの軌跡を辿る。そこから、ヒトという生物が韻律（うた）を生み出すという営為を来場者とともに解きほぐしてみたい。

奈良・劔主神社で催されたイベント「音樂 -OTOMARU- 2023 秋」における志人のパフォーマンス。撮影：listude

2 現代日本の吟遊詩人──志人

志人は、1982年に東京・新宿にて生を受けている。

私が志人を初めてみたのは、2003年のうだるような暑さが続く真夏に開催された「B-Boy Park」のフリースタイル・バトルというイベント予選会場となった東京恵比寿EBiS303というイベント・ホールだった。おそらく500人は集まっていたであろう観衆の前でおこなわれる勝ち抜きサイファーのようなものだ。次から次へと入れ替わり立ち替わり出てくるラッパーたちのなかで、志人がみせたパフォーマンスは明らかに他と一線を画していた。荒波のように繰り出されてゆく圧倒的強度をもった即興のラップ・テクニックと、独特な言語センスが矢継ぎ早に展開されていく世界観をもったこのラッパーを目の当たりにしたとき、私は彼を若くして世を見限った仙人であると認識した。

その後、彼自身や彼の所属するTempleATS（テンプル エー・ティー・エス）の作品群をチェックしてみると、日本社会の冷たい裏の顔への辛辣な批判とともに、きっと日本語による韻律でしか描けないのであろう「現代日本の時の流れ」をしかとそこに刻印していた。世間が感知せぬうち、東京の片隅で暮らす若きラッパーたちは、日本語詩が表現しうる詩性（リリシズム）の可能性をラップというツールをもちいて拡張していたのだ。

その後、私自身はヒップホップの現場を離れ、アフリカ・カメルーンでのフィールドワークに心を奪われた。そこから思い切り時間を早送りして17年の時が経過した2020年のある夏の朝、私は何気なくテレビをつけていた。0〜2歳向け番組「シナぷしゅ」を娘とみるためだ。すると、なつかしい歌声を聞いた気がした。テレビをつけてから数秒も経たぬうちにその歌は終わり、次のアニメーションへと切り替わった。膝の上の娘はまた言葉にならない言葉で私に新たな感動を伝えてきた。「あれ、さっきのはもしかして？ いや、そんなはずはないか」。翌朝の同じ時間、また私は娘とその番組をみていた。すると、昨日のあの歌が流れ出した。そして画面に「作詞・作曲 志人 with kids, birds, and insects」というクレジットが映し出されたのだった。「とっぴんぱらりのぷぅ」というその楽曲のスタイルは、まったくヒップホップとよべるものではなかったし、そこで描写される世界観には、17年前に感じたあの凍りつくような冷酷さは皆無で、むしろ母性的とさえ言える温もりまでをも表現する技量が披露されていた。

彼が世界をみとおす眼（レンズ）は、17年前の一人の若きラッパーが大都会の排気ガスを掻い潜って世界を捉えようとする血眼（ちまなこ）から、そのスケールを桁ちがいに拡張させていて、もはやそれは地球という球（たま）にまで変化を遂げてしまったかのようであった。その後、私は彼の過去の作品群を聴き直すことになるのだが、そこでようやく気付いたことがある。「とっぴんぱらりのぷぅ」に充満している普遍的日本の郷愁感は、じつは2003年の志人が残した冷たい社会描写の根底にも漂っているのである。この詩人の魂の核では、まちがいなく「なつかしい日本」の姿が現在進行形で未来へ向けて躍動しているのだ。

神奈川県立音楽堂で開催されたイベント「音楽堂のピクニック」にて、自作の笛を吹く志人。2022年。撮影：Kosuke Mori

3 《津和野 透韻図》

では、本展示について入り口から順に紹介しよう。

まず、あなたが本展示空間に足を踏み入れて、最初に対峙することになるのは、正面の壁いっぱいに広がる夜空のように白黒反転した原稿用紙である。その暗闇のなかで光るのは、韻という縁で結びつけられた言葉たちである(写真参照)。これらは「透韻図」という志人自身が編み出した韻律を解析する手法によって"発見"された星座たちである。今回の展示では、ふたつの詩の透韻図が壁に大きく転写されており、ひとつは「津和野」、もうひとつは志人がある精神病を抱えた若き小説家と便りを重ねるうちに生み出した「幻肢疼夢」の透韻図である。

《津和野 透韻図》とそれが生まれた背景について志人は以下のように語る。

展示空間の入り口であり出口には《津和野 透韻図》が置かれている。

この透韻図とは、私がつくった造語であるが、ある出来事がきっかけでこの透韻図を描くようになった。その出来事とは、2022年12月におこなわれた"島根県芸術文化センター グラントワ×地域プロジェクト「イワミ・アート・ラボラトリー 〜表現とまちの物語〜」"において、私は地域の方とともにひとつになる詩を紡ぐ者として人生で初めて津和野町を訪れたときのことだ。

この地に縁も所縁も無い私は言わばまったくのストレンジャーであった。

フィールドワークや旅をする前に私がよくすることのひとつに、その土地の民話を読み漁ることがある。

私は自宅京都の深山の書斎で大庭良美(編)『石見の民話』をたなごころに開き、遠き津和野に想いを馳せた。

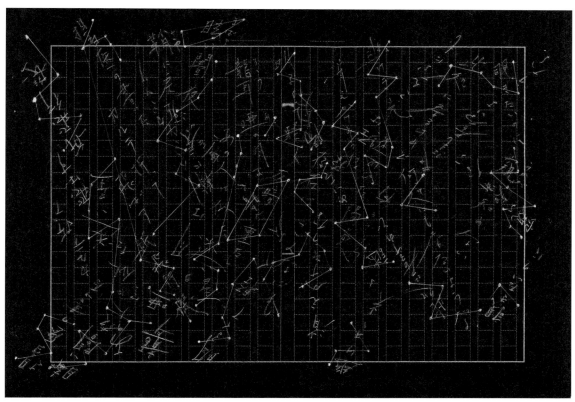

志人《幻肢疼夢 透韻図》(白黒反転)／2024年 制作／個人蔵

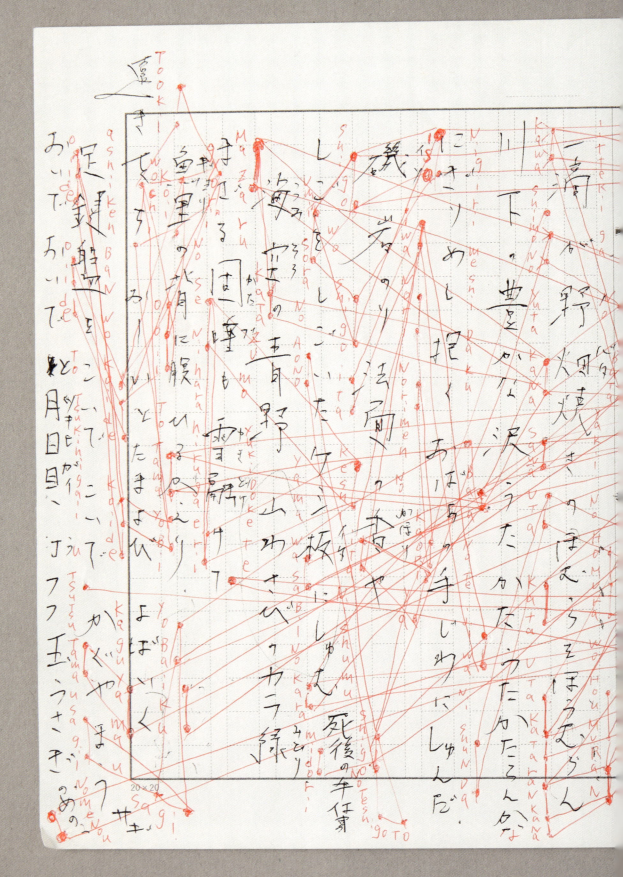

志人《津和野 透韻図》／ 2022年 制作／個人蔵

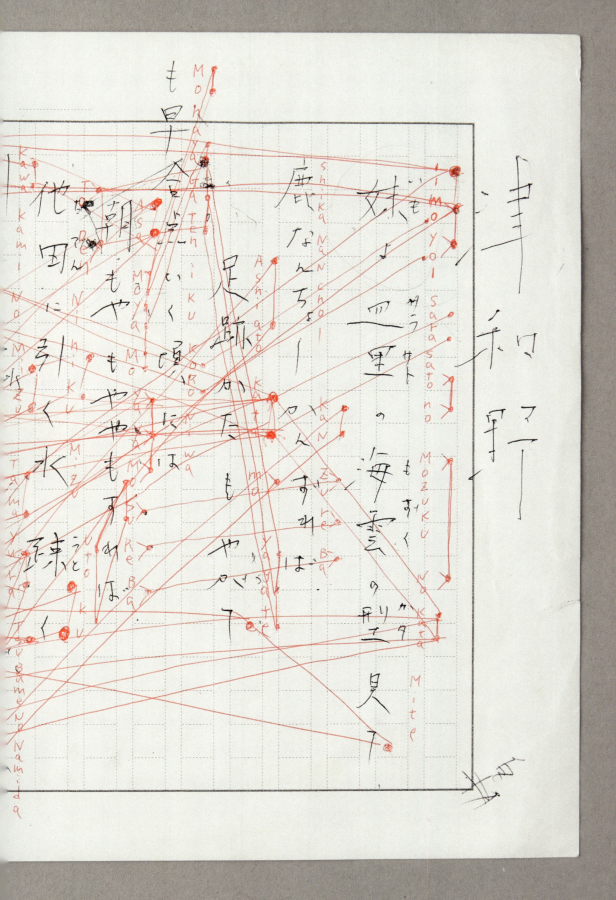

そして現地に着き、大庭良美氏に導かれるまま民話のなかを歩くようにして辿り着いたのが、日原町（現在は津和野町へ新設合併）にある日原天文台であった。

そこで見た新聞の切り抜きの内容に衝撃が走った。

それは、"少年時代の出会い 礎に"という見出しで、天文民俗学者の野尻抱影氏と大庭良美氏の出会いについての記事であった。

記事にはこのような事が書かれていた。

野尻氏が新年号の『中学生』のなかで、星座のスケッチを募集していることを知った当時15歳の大庭良美氏は、早速スケッチを送り、この投書から2人の交流が始まる。その2年後に野尻氏は大庭少年へ「君の地方の星について聞いている事があれば知らせて欲しい。」という手紙を書き、大庭少年は「かごかつぎ星」と「すもうとり星」のことをお知らせした。野尻は、この大庭少年の報告をきっかけとして星の和名に関する研究を進め、星の方言集『日本の星』（1936年）を書いた。

当時42歳の高名な学者が、17歳の農村の少年によって研究を進める力を得たのである。

また、この後も二人は生涯に渡り交流をもち、大庭は論文等を書く度に野尻に送り、指導を仰ぎ、野尻は丁寧に感想などを返していて、大庭28歳のときに初めての面会を果たす。野尻はこの時、多くの民俗学関係者に大庭を紹介し、この人脈が民俗学を志す大庭にとって大きな財産となった。

何ということだろうか。

少年の発見、気付きが、学者の新たな研究のきっかけを与えたのだ。

また、その研究は星の方言、星の和名の草分けであり、大庭氏が野尻氏へ伝えた「かごかつぎ星」と「すもうとり星」の他にも、この石見の地方に伝わる星として、「ふな星」なるものがある。

この「ふな星」は、おおぐま座の北斗七星の柄杓の合（ごう）部分を舟に見立て、海の生活と縁の深い石見地方の人びとは古より北斗七星を「ふな星」とよび愛でている。

「ふな星」は石見から遠く北海道や沖縄でも同じように北斗七星を舟に見立ててよぶ地域がある。

この野尻氏と大庭氏の出会いを知り、私は、心の眼から鱗が落ちるような感覚になった。

それは、夜空の星と星を結ぶ遊びをひそやかな愉しみとして知る私たち人類の認識のなかで固定された星座という観念をことごとく打ち砕くものでもあった。

私たちは、北斗七星はあの柄杓型、オリオン座はあのリボン型、という決まり決まった星座の通念を信じすぎていやしなかっただろうか？

"どこの星と文字を結うのも自由　新しき星座を生むのだよ夢中に"という詩がどこからともなく降ってきた。

そして、津和野の地で鷺舞（さぎまい）の儀式が執りおこなわれる前夜、丑三つ時に鳴り響く触太鼓のビートを背景に、私はこの《津和野 透韻図》を描いた。

実際に津和野日原の道を歩いた道行の旅と詩中を旅する韻の道行を重ね合わせ、道中で出会った村びととの会話や同行して下さった案内人の島根県芸術文化センター グラントワの福間一（ふくま はじめ）さんのお祖母様との想い出などが海苔のように八重に重なりあって、この《津和野 透韻図》が出来上がっていった。空紙（そらがみ）（何も書かれていない白紙を空に見立てて私はそうよぶ）のなかに散りばめられた韻を鉛筆の芯で貫き、裏紙を月の光に透かしみれば、そこには無数の星々が閃いていた。

志人のマイクロカセットレコーダー。
諷詠（ふうえい）の肉声や"ちきゅうのをと"を録音する。個人蔵

志人による自作楽器。栃の木の捏鉢、椎と令法のバチ、竹法螺、鹿骨笛等。
2017–2020年 制作／個人蔵

4 《心眼銀河》

あなたが透韻図の夜空を抜けると、次に対面するのは、《心眼銀河》の世界である。

《心眼銀河》は、2024年4月時点での志人の最新アルバムである。本作のインストゥルメンタル制作、作詩、レコーディング、歌詞本(志人は「可視本」とする)の企画・制作にいたるまで、すべてを志人自身の手でおこなっている。彼が、作詞やラップにとどまらず非常に多才な人物であることをここに明記しておきたい。それはじつは世界じゅうに存在する多くの卓越した吟遊詩人たちに通ずることでもある。ここでは文字数の都合で本作に関する詳細は割愛させていただくが、是非あなたにも下記のリンク先などをたよりに本作の深淵なる世界、とくにその音の世界に触れていただきたい。

https://templeats.net/store/

5 《意図的迷子》

《意図的迷子》は、志人も所属する芸術家集団TempleATSで才能を発揮するOn Todaこと戸田真樹との共作となっている。本作について、志人は、長年連れ添った盟友とのすれ違いから生まれた亀裂の修復過程で生まれた作品であると話す。それまでの作品以上に、残酷な人間社会の危険性を如実に抉り出したこの作品は、志人という一人の人間が抱えた葛藤から生まれた叫び声がアンプリファイされたものである。ときにそれは聞き手／読み手の心までをも重くさせるかもしれない。しかし、それほどの痛みの重みを乗せることができるというのも韻律／ラップの真なる姿のまたひとつであり、ヒトはときに韻律をもちいることで痛みを解放し、それに他者が共感することで心の問題という一筋縄ではゆかぬ人生の苦難を乗り越えてきたのである。

志人《心眼銀河》のCDと《視覚詩・触覚詩 心眼銀河 - 書契 -》／2021年 制作／個人蔵

6　志人と這丸太からのメッセージ

来場者（あなた）は、《心眼銀河》と《意図的迷子》という志人の心の奥底に触れた後、「後世に残せ　それぞれの個性」というパンチライン（いつまでも頭に残るフレーズ）と韻の星々が大きく転写された夜空のような壁面へとたどり着く。そこには、キクイムシたちの生きた痕跡が残された丸太も置かれている。志人は、自身の世界観を端的に表したキーワードに「むしの世界」というものがあると言う。「むし」とは「無私」のことであり、「虫」のことでもあり、そして「無死」を指すものでもあると。虫の視点で世界を見つめてみると、そこにはやはりヒトと同じく律動があるのだとも話す。すべての生物が懸命に生きる様そのものが、じつはそのモノにしか表現しえない詩なのだろう。

志人が作品制作するスタジオ「冥-KURA-」の外観。2018年、京都府。
撮影：志人

いよいよ、本展示の最後にたどり着くのは「ベッドルーム・スタジオ」である。現在、世界じゅうに無数の名もなきラッパーたちが存在している。まさしく肉眼では見えない夜空の星たちのように。こうしている今も彼・彼女らは、自分の心の声を詩にして歌いあげているのだ。その若きラッパーたちの多くは、自身の小さなベッドをレコーディング・ブースとしてトランスフォームさせてしまい、そこからインターネットを介して世界へ向けて自分たちの詩を送り合っている。本展示では、その「ベッドルーム・スタジオ」をイメージした部屋に、志人の制作部屋に転がっているモノたちを配している。最後に、志人の言葉をもって本稿の締めとしたい。

本展示「うたが生まれる心の小道」は、
とても小さな空間であるが、
通常の展示空間はインプットに終始する事が多いなかで、
本展示空間の行き止まりには、
どこかのだれかの部屋が在る。

このどこかのだれかの部屋は、
現代の音楽家や歌人が自身の音楽や声を
自宅録音しているベッドルームスタジオであり、
それは実際に機能するアウトプットの場である。

寝室や子ども部屋というとても身近な空間でも、
うたや音楽を世界に発信する事ができるのだ。

そして本展示は意図的ではないにしても、
この行き止まりがある事で、
後退も前進、
退化も進化という「懐かしい未来」へ向けての
遡上が起きる。

この行き止まりをブレイクスルーするかは
観覧者に委ねられている。

カメルーン首都ヤウンデのスタジオ。昼夜問わず、詩（うた）は世界じゅうのスタジオで生まれている。2024年。筆者撮影

［謝辞］

本展示では、空間デザイナー・上まりこさん、音響エンジニア・KNDさん、特別展実行委員長・川瀬慈教授、国立民族学博物館企画課展示企画係に立案時から展示完成にいたるまで多くの時間をともにしていただき、綿密な打ち合わせを何度も重ねさせていただきました。この場をかりて、心より感謝の意を表します。

志人、矢野原佑史

コラム 1

うたは　雲を　掴むよ

志人

　私の人生の大半は、韻と韻の巡り合わせを旅する道行に終始していると言っても過言では無い。これまでの人生も、これからの人生も、形なき魂の聲が紡ぐ韻律によって導かれている。不確定性豊かで波乱を孕んだ人生もまるで予め決められていたかのように。

　これまでの人生がこれからの人生をつくることは時系列として正しいはずであるが、これからの人生がこれまでの人生をつくっていたということも往々にしてあることをここに認めておく。その遡上を私は「懐かしい未来」と呼んでいる。

　はじめに生まれた言葉が、後に来る言葉を呼び、そこへ辿り着くまでが詩－うた－になると解釈するのが一般的かもしれないが、後に来た言葉が、はじめに生まれた言葉へ時を遡ってゆく、つまり、どこかへ出掛けたかのように見えて、今此処へずっと帰り続けている状態、それが詩－うた－の終わりの無さ、∞なのではなかろうか。今此処にいる自分を解き明かすことは、韻が韻を呼ぶ透明な道行の謎を紐解く事と相違ない。先立っていった人の死が、今を生きる人へ生きる力を再び蘇らせる事があるように。

＊

私の詩の一つにこんな詩がある。

　　　時（Toki）よ　距離（Kyori）を　追い（Oi）抜いて　来い（Koi）

これは韻として同じような響きを持つ部分をローマ字表記し、あえて分かりやすく書いてみているのだが、それぞれの韻に（OI）という母音が認められる。この「来い（Koi）」と告げた誰かの声は果たして誰を呼んでいたのか？

　詩の中の時の経過を改めて遡上してみると、「来い（Koi）」と呼ばれた相手は「時（Toki）」という事になる。しかし、果たして誰の声であったのかは謎のままである。この所在不明なる誰かの声こそが、言葉が言葉として意味を持ち、文字として可視化される以前の「音の源」である。この詩は、声が先にある。また、声になる以前には声ならぬ心があるだろう。声ならぬ心に触れるには、目で読むのではなく、実際に声に出して詠んでみるといい。それをどのような声色で詠むか、どのような拍子で詠むか、呼吸や間、それは三者三様であり、そこに各々の韻律が生まれる。つまりこの詩は、文字を目で追う読み詞として認められる以前に、幽けき音

としてあやふやに心の宇と宙のあわいを揺らぎ、その揺らぎを「空紙（＝何も書かれていない白紙を空に見立てて私はそう呼ぶ。）」へ認める際に、私達は心の小道を彫るように文字を刻む。文字は道、道は傷であろうか。心の痛みから－うた－が生まれることもある。現に、私達の歩む舗装されたアスファルトの道は、位牌の山といしぶみを削って出来た傷である。

　私見ではあるが、韻とは、言葉が文字として成り立つ以前の形なき魂の現れであり、全世界共通の原始言語と言っても過言では無いと考えている。一見して何の繋がりもないように思える土地々々でも同じようなうたの韻律をした子供遊びがあることにも韻の不思議を感じずにはいられない。そして、韻は人間の使う言語にのみ共通するものではなく、虫や鳥、魚に微生物、水に風、土に月に太陽、あらゆる生命、果ては無生物へさえも遍く共通するものであるとの考えの下、詩は命、命は詩、命はうたっており、その－うた－を終わらない∞の環で繋ぐのが韻であり、韻は、消滅寸前の星の真明るさのような響きを彼方から此方に送る。此の世も常世も全てが音楽である。という想いに行き着く。

＊

　殊に、私の詩（うた）の声の主は人間では無い場合が多い。その声の主は、虫（Mushi）であったり、星（Hoshi）や鳥（Tori）、黄泉（Yomi）であったりする。その声が「おーーい（Oooi）」と此方（Konata）から をち（Wochi＝彼方）へ向け、其方（Sonata）を呼ぶ。木霊する山彦のあちら側からの聲であろうか。何者かになりかわり、憑依（Hyoui）した聲（Koe）が声（Koe）を超え（Koe）る。私の詩の多くは「無私の世界」である。

―　　無い私（Nai Watashi）と書き無私（Kaki Mushi）
　　　かきむし（Kakimushi）る体（Karada）は空だ（Karada）―

韻と韻の巡り合わせを旅する道行は果てしなく、終わりが来ない。僕らはどこに帰り続けるのだろう？　音の郷と書いて「響」、「満点星」と書いて「ドウダンツツジ」と詠んだ人を想う。

　いったい何の話をしているのだろうかと思われる読者の方が殆どであろう。まったくもって雲を掴むような話である。しかし私は、そんなあなたにうたうだろう。「うたは（UAA）　雲を（UOO）　掴むよ（UAUO）」と。たとえ他人から雲を掴むような無謀な愚行だと一蹴されたとて、あえてそれを自分の中にある特異なる個性として認め、君だけの銀河系を後世に語り、うたい、つないでいってもらいたいと願っている。まちがい（AIAI）が巡り巡って愛らしい（AIAII）とさえ思える旅立ち（AIAI）の日は近い（IAI）。
―　　後世に残せそれぞれの個性

第7章

モンゴル高原、韻踏む詩人たちの系譜｜島村一平

モンゴル高原の遊牧民たちのあいだでは、口承文芸が高度な発達を遂げてきた。口承文芸における長い物語の創造と暗記を可能としたのが、「韻踏み」という技術だった。皮太鼓をたたきながら精霊の召喚歌を歌い語るシャーマン、そして弦楽器を伴奏に英雄叙事詩を歌い語る吟遊詩人トーリチ。彼ら韻踏む詩人たちの系譜は、現代のヒップホップ（ラップ・ミュージック）へと継承されている。

1　口承文芸と韻踏む詩人たち

モンゴル高原の遊牧民たちは、他の中央ユーラシアの遊牧民と同様に非常に高度な口承文芸を発達させてきた。口承文芸とは、人間が楽器を演奏しながら物語を歌い語る文学のことである。モンゴルでは、トーリチとよばれる吟遊詩人たちが、馬頭琴やトプショールとよばれる弦楽器を引きながら、数時間、場合によっては数日に渡って草原で物語を弾き語ってきた。そしてシャーマンたちもじつは、大きな皮太鼓をたたきながら、精霊を憑依させ、物語をつむぎだしてきたことで知られている。吟遊詩人やシャーマンたちの歌い語りは、主に頭韻を踏みながら歌われるが、ときには脚韻や文中にも韻が踏まれることも少なくない。

そもそも韻は、美しくリズミカルな音がつくり出すためのものだけでなく、暗記をするための技術でもあった。移動生活をする遊牧民にとって、重たい紙の本という外付けハードディスクを保管するより、頭のなかで記憶する口承文芸のほうが性に合っていたのである。口承文芸は韻律というものを重要視する。韻を踏むことでリズムよく、頭のなかに記憶していくことができる。また韻のリズムで記憶をよび起こすことも可能だ。つまりモンゴルの口承文芸の韻律の基本が頭韻であるのは、英文学者のオングが指摘する通り、まずは韻踏みが一種の記憶術であったことに起因するだろう。

ただし韻踏みが素晴らしいのは、単なる記憶術に留まらないところ、すなわちまったく新しい物語や表現を生み出すテクノロジーであるという点にある。とりわけ頭韻は、韻を踏んでいるうちに意識せずとも、自然と言葉が生み出されていく。これは、吟遊詩人の語りやシャーマンの精霊憑依、フリースタイル・ラップに共通する身体技法である。つまりモンゴル高原では、シャーマンと吟遊詩人とラッパーは、「韻踏む詩人」として同じ系譜上に位置づけることができるのである。

楽器を背負った放浪の吟遊詩人。1920-30年代。撮影：H. ハズルンド-クリスチャンセン（Haslund-Chirstensen 1971: PL VI）

叙事詩を歌い語るトーリチのツォグティン・ツェンドスレン氏（49歳）。2023年8月、モンゴル、ホブド県。筆者撮影

2 英雄叙事詩と吟遊詩人トーリチ

モンゴルの口承文芸は、19世紀後半よりロシアやハンガリー、フィンランド、そして日本の研究者たちによって記録されてきた。口承文芸の代表格たる英雄叙事詩は、モンゴル語では「トーリ（物語）」または「ウルゲル（民話）」とよばれている。英雄叙事詩は、中央ユーラシア草原に跨って暮らすモンゴル系民族のあいだで広く歌い語られてきた。中でも『ゲセル・ハーン物語』『ジャンガル』が二大作品として知られている。

モンゴルの英雄叙事詩は、そのほとんどが「求婚」と「奪還」というふたつのモチーフが繰り返すことで構成される。つまり1）鼻たれ小僧の主人公が競馬や相撲といった競技で勝利し、美しい妻を娶る 2）主人公は、怪物に家畜群や妻を奪われるが、賢い駿馬の助言のもとで妻と財産を取り返す、というものである。

歴史学者のクリストファー・アトウッドはモンゴルの叙事詩の様式は単なる誇張された物語であり、古代ギリシャの『イーリアス』や古フランスの『ローランの歌』といった、歴史に基づくヨーロッパの叙事詩とは性質が異なると考えた。

一方、フォークロア研究者の藤井真湖は、モンゴルの英雄叙事詩を心性の歴史とみなし、ロラン・バルト流の構造分析を施すことで、隠された意味を読み解く研究を進めた。またハンガリーの文献学者ビルタラン・アーグネシュも、モンゴルの叙事詩には歴史的事実が含まれているはずだと主張する。

ところで英雄叙事詩は、物語のなかに神話や呪い言葉、祝詞やことわざ、民謡などが引用されているため、モンゴル研究では「総合口承文芸」だとよばれる。そのため、叙事詩の語り手であるトーリチは、モンゴル口承文学の生きた百科事典だと理解されてきた。ちょうど、それは西アフリカのグリオが生きた図書館だとよばれてきたのと似ている。

トーリチはトブショールや馬頭琴などの弦楽器を伴奏に、英雄叙事詩を演奏する。ニコラス・ポッペは、かつて

Fig. 4. Interior of a Kalmuck tent, showing a player on the *dombra*. Top-left a Qazaq *kobys*. Top-right a Kalmuck *dörwen-chikhe-khuur*. After P. PALLAS.

天幕の中で、弦楽器ドンブラを弾きながら歌うカルムィク人。右上はカルムィクの楽器、ドゥルブン・チヘト・ホール、左上はカザフの弦楽器コブズが描かれている。（Hedin, Haslund-Christensen, Grønbech, Emsheimer 1943 *The music of the Mongols*, p.93）

撥弦楽器 トプショール／モンゴル／ホブド県／2023年収集

擦弦楽器 イキル／モンゴル／ホブド県／2023年収集

第7章：モンゴル高原、韻踏む詩人たちの系譜｜島村一平

トーリチのなかには、大ハーンや王侯貴族の宮廷で働く職業歌手もいたとしている。しかし現在のトーリチは、上村明が指摘してきたようにプロフェッショナルな芸人ではなく、牧畜で生計を立て、宴席に招かれると演奏しに行くような存在である。その点において、ヨーロッパのいわゆるバードやミンストレルとよばれる吟遊詩人とは、少し異なるのかもしれない。ただし今回の特別展での川瀬慈の「歌を通じて世界を異化する存在が吟遊詩人だ」という定義に従うならば、モンゴルではトーリチやシャーマン、そしてラッパーも「吟遊詩人」の範疇に含まれることになるだろう。残念ながら現在、わずかにトーリチたちが英雄叙事詩の歌い語りを続けているのは、西モンゴルのオイラト人と総称されるマイノリティに限られている。

縦笛 ツォール／モンゴル／ホブド県／2023年収集

馬頭琴を弾きながら馬についての歌を歌うチャハル・モンゴル人。楽器は、デンマーク国立博物館蔵。撮影：ハズルンド - クリスチャンセン（Hedin, Haslund-Christensen, Grønbech, Emsheimer 1943 *The music of the Mongols*, p.102）

第I部

3 西モンゴルのトーリチたち

いわゆる広義の「西モンゴル」には、オイラトと総称される人びとがロシア・モンゴル・中国の国境に跨がって暮らしている。個別の集団名で言えば、南ロシアのヴォルガ河畔のカルムィク人や、中国新疆ウイグル自治区のトルゴート人、モンゴル国西部のドゥルベト人、ザハチン人、バヤド人、アルタイ・オリアンハイ人などである。

モンゴル系諸集団のなかでもオイラトの人びとは、英雄叙事詩の歌い語りの中心的な担い手として知られている。そんな彼らの代表的な英雄叙事詩に『ジャンガル』がある。ジャンガルは、モンゴル国では特定の物語を指すが、ヴォルガ河畔のカルムィク人や新疆のトルゴート人たちのあいだでは、英雄叙事詩そのものを指す言葉である。

物語としてのジャンガルは、25-26章からなる。しかしバージョンによっては100章を超えることもある。その物語は、マンガスとよばれる怪物や敵対する異国の王と戦うジャンガル王麾下の12人の戦士たちの活躍を描いたものである。各章の基本的なストーリーは類似している。苦難を乗り越え、戦士たちは勝利を手にし、盗まれた馬の群れを取り戻す。そして美しい妻を得て大団円となる。

興味深いことに、ジャンガルは通しの物語ではなく、各章ごとに12人の戦士がそれぞれ怪物や異国と闘う独立した物語である。ただし相互に密接なつながりをもつ多くの節で構成されていることから、20世紀初頭のロシアの碩学、ボリス・ウラジーミルツォフは「叙事詩のサイクル」とよんだ。

いずれにせよ、オイラトの吟遊詩人たちは、何百年もの間、華々しく勝利する英雄たちの物語を歌い伝えてきた。その一方でオイラトの現実の歴史は、悲劇に満ちあふれたものだった。

そもそもオイラトは、かつて「森の民」とよばれてきたように、13世紀まで南シベリアのタイガで暮らす狩猟民だった。1207年、森の民たちはチンギス・ハーンの長男ジョチの支配下にはいると、アルタイの草原に移り住んだ。そしてそこで遊牧の生活様式を受容した。15世紀以降、オイラトは、チンギスの末裔たちと敵対するようになる。17世紀中頃には全オイラトを統一したガルダン・ハーンはジューンガル帝国を建国、満洲人の清朝やそれに従うハルハ・モンゴル人と対峙した。ガルダンは一時期、西はカザフ草原のバルハシ湖からモンゴル高原へ連なる広大な版図を支配したが、1696年、康熙帝の攻撃を受けて敗退する。その後の1755年、乾隆帝はジューンガル帝国の本拠地があったイリ渓谷（現・中国新疆ウィグル自治区）を攻撃し、これを滅亡させる。さらに天然痘の流行により、ジューンガルの民のほとんどが死に絶えてしまう。

こうした歴史があるせいか、モンゴル国のオイラト系の人びとは、ハルハ・モンゴル人（モンゴル国の多数派集団）と今なお、そりが合わない。怨嗟の念、いまだ潰えし、なのである。

そんなオイラト系のなかでも英雄叙事詩を歌い続けてきた人びとが、ホブド県のアルタイ・オリアンハイ人とオ

トーリチのダムディンドルジ氏。目を閉じて唸るように歌う。2023年8月、モンゴル、ホブド県。筆者撮影

ブス県のバヤド人である。2023年8月、私はオイラト系の吟遊詩人を訪ねてモンゴル西部の旅をした。ウランバートルから西へ約1500km、陸路三日の旅を経て到着したのは、ホブド県ドート郡。アルタイ山で暮らすアルタイ・オリアンハイの人びとの地である。標高が2500m近くあるせいか、8月の終わりだというのに、肌寒い。温度計をみると気温は一桁だ。

ドートとは、モンゴル語で「歌のあるところ」を意味する。まさに吟遊詩人トーリチの里である。人口2000人ほどのこの小さな郡の中心には、ひときわ大きなゲルが建てられている。聞くと、英雄叙事詩のための宮殿なのだという。つまり英雄叙事詩の弾き語りをしたり、それを教育したりするための文化センターだ。ここでトーリチの伝承者であるダムディンドルジ氏（56歳）に会った。彼は曾祖父の代からのトーリチであったという。ちなみに叔父のアビルメド氏はモンゴルを代表する著名なトーリチだった。彼は子どもの頃から父や叔父たちの弾き語りを聴いているうちに物語を覚えたのだそうだ。

また叙事詩は暗記するものではなく、大まかなストーリーで把握するので、語るたびに中味が変わることもあるのだという。どうやら叙事詩は定型の物語というより、生起性の高い、レジリエントなものであるようだ。ちなみに彼の本業は小学校の教師だが、この宮殿で若い歌い手の育成もしているのだという。数年前、彼は国家栄誉トーリチの称号を授与されている。

「英雄叙事詩は夏には歌わないんだよ。秋分以降、水や大地の精霊が冬眠についてから夜に歌うものなんだ。一応、今は秋なので少し歌い語ろう」と断った上でダムディンドルジ氏は、英雄叙事詩の一節を少し披露してくれた。トブショールという二弦の楽器を指でつま弾きながら、彼はうなるような野太いダミ声を出しはじめる。まるでホーミーのようだ。曲目は「アルタイ賛歌」だった。モンゴルではだれもが知るアルタイ山脈の主を称える歌だ。アルタイ・オリアンハイ人のあいだでは、この歌を歌わずして、英雄叙事詩を歌い語ってはいけないのだという。

そもそもアルタイ・オリアンハイの人びとにとって、英雄叙事詩は多分に呪術的だ。英雄叙事詩には、荒ぶる叙

弦楽器 白鳥頭のトブショール／モンゴル／豊岡市立日本・モンゴル民族博物館蔵

アルタイ・オリアンハイの馬の放牧。2023年、モンゴル、ホブド県。筆者撮影

アルタイ山脈、神宿るタワンボグド連山。モンゴル最高峰フイテン峰(4374m)を含む。2021年、モンゴル、バヤンウルギー県。撮影：B.インジナーシ
©Injinaash,Bor

事詩と柔らかな叙事詩があり、体調を整えて歌わないと前者は歌い手に身の危険がおよぶそうだ。

またオリアンハイの人びとは、災厄を祓うためにトーリチを招いて英雄叙事詩を語ってもらうということもする。ダムディンドルジ氏によると、子宝に恵まれない時は「ナランフー・ハーン」、病気になったときは、「ハル・パルチン」といった英雄叙事詩を語ると御利益があるのだという。前出のアビルメド老も英雄叙事詩は、「俗人のための仏教経典」だと語っていた。モンゴルでは厄除けのために仏教寺院で読経をしてもらう習慣があるからだ。

そもそもモンゴルのトーリチはシャーマンと似た性質をもっている。たとえば、あるトーリチは「眠ってしまったかのように意識を失っているが、外からみると物語を歌い奏でていることがある」と地元のジャーナリストに語っている。ダムディンドルジ氏も英雄叙事詩を歌い語っていたら、無意識のうちに気づいたら7時間も歌っていた経験があると話してくれた。

前出のボリス・ヴラジーミルツォフも、20世紀初頭にトーリチのシャーマニックな経験について記録している。著名なトーリチのエテン＝ゴンチグが子どもの頃、草原で羊を放牧していたら、龍に乗った巨人が現れて「羊を差し出すなら、お前に英雄叙事詩を教えてやろう」と言われた。英雄叙事詩を教えてもらったエテン・ゴンチグが目を覚ますと、そこに巨人も龍もいなかった。ただ彼の羊たちは狼に食べられていた。このようなトーリチのあり方は、中央ユーラシアのテュルク系諸集団のなかにいた叙事詩の語り手バクスに通底する。バクスは弦楽器を弾きながら治療儀礼もするシャーマニックな吟遊詩人だったのである。

非常に興味深いことに、西モンゴルには「シャーマンのいるところに吟遊詩人はおらず、吟遊詩人のいるところにシャーマンはいない」という言い伝えがあった。

このように考えると、トーリチとシャーマンのちがいは、トプショールや馬頭琴のような弦楽器、あるいは革製のシャーマン太鼓や口琴など、使用する楽器のちがいだけなのかもしれない。だから棲み分けをする。彼らのつむぐ物語は異界からやってくるものであり、異界からの語りはメロディーをともなう。そして歌い語ることは、癒やすことでもある。おそらくカール・ライヒが主張する通り、シャーマンと英雄叙事詩の歌い手は、かつてひとつの

1

存在だったのだろう。

ただし同じトーリチでもオブス湖畔の平原で暮らすバヤド人の場合、上述のようなシャーマニックな要素はみられなかった。バヤド人唯一のトーリチ、アンフバヤル氏（49）によると、山の主のためにアルタイ賛歌を歌うこともしなければ、厄除けのための呪術儀礼として英雄叙事詩を歌うこともないのだという。また夏に英雄叙事詩を歌ってはいけないというタブーもバヤド人のあいだにはない。また夜にしか歌わないのは、牧畜作業がないからだ、とのことだった。同じトーリチでも平原の吟遊詩人は、呪術的な要素がなく、あっさりとしていた。

1 擦弦楽器イケルを弾きながら『ジャンガル』の一節を歌い語るトーリチ、アンフバヤル氏。しぶいダミ声だが、ホーミーのような喉から絞り出す声は出さない。2023年、モンゴル、オブス県。筆者撮影
2 ドート郡のトーリン・オルドン(英雄叙事詩宮殿)。2023年、モンゴル、ホブド県。筆者撮影

4 語り部としてのシャーマン

モンゴルのシャーマンはタイガの森や草原で、獣の毛皮を纏い、巨大な円形の革張りの太鼓を叩きならしながら激しく踊り儀礼をおこなう。ただしモンゴル国ではシャーマニズムは、ダルハドやブリヤートといった辺境のマイノリティのあいだだけで残った。17世紀以降のチベット仏教によるシャーマニズムの駆逐と20世紀の社会主義による反宗教政策が大きな要因だ。

　シャーマンたちは、オンゴあるいはオンゴドとよばれる精霊を憑依させることで知られている。オンゴドは、かつてシャーマンだった彼らの祖先の霊だ。憑依の儀礼は、太鼓を叩きながら頭韻を踏んだ精霊の召喚歌ドードラガをひたすら繰り返し歌うことで始まる。ここでは、ブリヤートのあるシャーマンの精霊の召喚歌の一節を紹介しよう。今はモンゴルで暮らすブリヤート人シャーマンが、先祖が暮らしていた「ソ連」からモンゴルへ精霊をよぶ様子が歌われている。

　　モンゴル国から言挙げ我は知らせしめん
　　遙か東北の彼方より　北のソ連の大地から
　　モンゴル国へ祖先の手綱を握り締めさせし
　　一本カラマツの放牧路　ウル丘が移動路
　　（中略）
　　バダムの妻で95歳の
　　白シャーマンなるデミッドよ
　　ここへきて　美しく歌いたまえ

召喚歌では、その精霊が生前にどこで暮らしどのような人だったのか、が歌われる。そのような精霊の自己紹介を繰り返し歌い唱えることで、シャーマンは精霊と一体化するのである。ちなみにこの召喚歌は、シャーマンがイニシエーションの際に師匠シャーマンがやはりみずからの精霊を憑依させることで、編み出した韻詩である。つまり韻踏みは、新たな精霊の人格や物語を生み出すテクノロジーだといってもよい。

　モンゴルでは、シャーマンに憑依した精霊が集団の物語を語ることはよく知られている。依頼者に応じて彼らのルーツ（系譜）や生きてきた物語を教えたりもする。韻を踏む詩人であるという点においてシャーマンはトーリチと変わらない。ただしシャーマンたちが語るのは、英雄叙事詩のような華々しい物語というより、彼らの悲劇の「歴史」である。

　ダルハドのシャーマンたちがよび出す精霊たちのなかでもっとも古いといわれるのが、「ダルハドの九つのハイルハン」だ。この9人の精霊は、18-19世紀における仏教浸透の過程で、ラマ僧と戦い敗れて、恨みをもって死んで行ったシャーマンの霊である。ハイルハンとはモンゴル語で聖なる山をさす語である。

　　失せてしまえ　世界のすべてが
　　国も世界もなくなってしまえ
　　仏ってやつは
　　色が塗られた　泥土でねえか
　　（中略）
　　ボグド・ラマを拝むものならば
　　なんじが足の腱と腿の付け根を
　　ばさりと切り落とさん

そのなかでも最古の精霊テンギスィーン・ハイルハンこと、ズヌグ・ボーは18世紀末-19世紀初頭においてハルハ・モンゴルと清朝に戦いをいどんで敗れた森の民オリアンハイの兵士の霊魂をまつることでシャーマンになった。またアガリン・ハイルハンは、息子と娘をハルハ側もしくは仏教ラマに殺されてそれを恨み、死後強力な怨霊になったという。彼女をよぶための召喚歌は、狩猟民の悲哀がこめられている。

ダルハド盆地のオボー（積石塚）。2009年、モンゴル、フブスグル県。筆者撮影

ウランバートルのボグド聖山を祭祀する大シャーマン、ビャンバドルジ。2002年、モンゴル、ウランバートル。筆者撮影

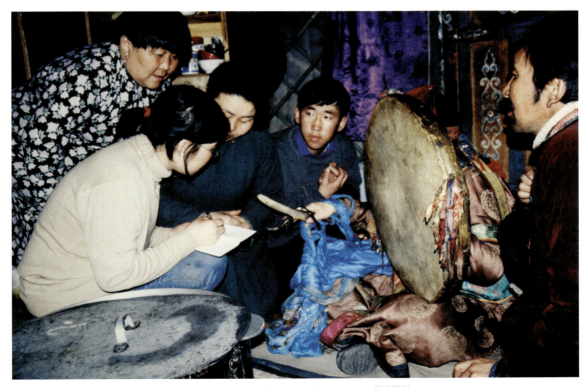

精霊を憑依させ、系譜の物語を教えるブリヤートのシャーマン。2001年、モンゴル、ウランバートル。筆者撮影

第7章：モンゴル高原、韻踏む詩人たちの系譜｜島村一平

1 モンゴル・ヒップホップのオリジネーター、MCIT（エムスィット）ことD. エンフタイワン（1976 – 2012）。ヒップホップ・グループ、ダイン・バ・エンヘのラッパー、プロデューサーとして活躍するも、36歳の若さで亡くなった。写真：ドラムスレン氏提供

2 記念革製盾／モンゴル／ウランバートル／2000年頃
モンゴル初のヒップホップ（ラップ・ミュージック）の音楽賞「アルタン・ションホル（金の鷹）賞」の盾。MCITが受賞した「ヒップホップ最優秀貢献者賞」のもの。遺族による寄贈。

3 モンゴルのラッパー、MCIT（エムスィット）の舞台衣装／モンゴル／ウランバートル／2023年 遺族による寄贈

1

2

3

ボルガルタイ寺とズールン寺院に
ツァム（舞踊儀礼）や
マイダル（弥勒祭）が催されたころ
3オトグの長たちが着飾って
栄華を楽しんでいたころ
北のタグナの森を枕に生を受け
タイガの緑のねずの木々に
抱かれ育ったこのわたし

ダルハドの精霊の祟り伝承は、20世紀以降の社会主義時代になってもその力を増幅させていった。多数派のハルハ・モンゴル人に対する「恨み」が彼らのシャーマニズムの軸だった。ハルハ人たちは、18世紀から19世紀にかけて、森の民ダルハドをチベット仏教化させた。また生業も移動性の高い狩猟から移動性の低い牧畜へと変え、モンゴル化をすすめたのである。

　21世紀になり、首都ウランバートルにおいても急速にシャーマニズムが活性化している。モンゴルでは今もなお、多くの人びとがシャーマンが歌い語る物語を必要としていることはまちがいないだろう。

5　ラップに継承される韻踏み

じつはモンゴルでは、もはや吟遊詩人トーリチは、その数も減少し、無形文化遺産として保護されるようになっている。三日三晩歌い語る彼らのスタイルは、現代社会にそぐわないものとなってしまった。こうして、かつての物語で人を喜ばしたり癒やしたり役割は、シャーマンたちのあいだには残っている。その一方で宗教色が強い彼らのあり方に嫌悪感を示す人びとも少なくない。

そんな中、韻踏み詩人の伝統は、ヒップホップのラッパーたちに継承されているようだ。

トーリチとシャーマンに共通する韻踏みの技術は、ヒップホップのラップにも応用可能だった。そのようなこともあり、1990年代後半に始まったヒップホップ・カルチャー、とりわけラップ・ミュージックは、瞬く間にモンゴルを席巻するようになった。モンゴルのラッパーたちは、貧富の格差や環境汚染、生きづらい競争社会に対して、新たに言葉をつむぎだしながらときに人びとを鼓舞し、またときには人びと癒やす。現代モンゴルにおいてラッパーたちの果たす役割は、計り知れないものがある。

4　ヒップホップグループICETOPのライブ。2016年、モンゴル、ウランバートル。筆者撮影

5　記念トロフィー／モンゴル／ウランバートル／2000年頃
モンゴル初のヒップホップ（ラップ・ミュージック）の音楽賞「アルタン・ションホル（金の鷹）賞」のトロフィー。MCITが受賞した「ヒップホップ最優秀貢献者賞」のもの。遺族による寄贈。

4　　　　　　　　　　　　　　　　5

参考文献

- 上村明　1999「第4章　語り継がれる英雄叙事詩」『アジア理解講座1997年度第1期「モンゴル文学を味わう」報告書』国際交流基金アジアセンター、pp.51-66
- 坂井弘紀　2015「英雄叙事詩とシャマニズム──中央ユーラシア・テュルクの伝承から」『和光大学表現学部紀要』15：33-54
- 島村一平　1998「ダルハド族のオンゴド信仰あるいは神々のたそがれ」ウランバートル。A4全47頁（総合研究大学院大学博士後期課程の大学院入試提出論文・未発表）
- 島村一平　2011『増殖するシャーマン──モンゴル・ブリヤートのシャーマニズムとエスニシティ』春風社
- 島村一平　2021『ヒップホップ・モンゴリア──韻がつむぐ人類学』青土社
- 藤井麻湖　2001『伝承の喪失と構造分析の行方──モンゴル英雄叙事詩の隠された主人公』日本エディタースクール出版部
- 藤井麻湖（真湖）2003『モンゴル英雄叙事詩の構造研究』風響社
- Atwood, Christopher P.　2004　*Encyclopedia of Mongolia and the Mongolian Empire*. Bloomington: Indiana University Press.
- Birtalan, Á.　2002　An oirat Ethnogenetic myth in Written and oral traditions. *Acta Orientalia Academiae Scientiarum Hungaricae, 55*(1-3), 69-88.
- Galaarid, G. B.　2010　*Galaarid Büteeliin Emkhetgel 4 Böö Mörgöliin Tukhai Bichiverüüd*, Tsalig: Ulaanbaatar.
- Hedin, Sven (preface), Haslund-Christensen, Henning., Grønbech, Kaare., Emsheimer, Ernst　1943　*The music of the Mongols: Reports from the Scientific Expedition to the North-Western Provinces of China under the leadership of Dr. Sven Hedin*: the Sino-Swedish Expedition, publication 21；VIII；Ethnography；4），Stockholm.
- Poppe, N. N.　1971　Khalkha-Mongol'skii geroicheskii epos, Farnborough, Hants: Gregg International publishers.
- Reichl, Karl　2018[1992]　*Turkic Oral Poetry: Traditions, Forms, Poetic Structure*. New York: Routledge.
- Vladimirtsov, B. Ya.　1983-1984[1923]）"The Oirat-Mongolian Heroic Epic." *Mongolian Studies*, 8:5-58.

第8章

マリ帝国の歴史を伝える語り部 | 鈴木裕之

私たちは常に歴史のページの上に立っている。
民族も国家も、固有の歴史を保持し、伝承し、独自のアイデンティティを形成してきた。歴史は文字を介して伝えられるが、無文字のアフリカ社会では「生」の声と音が歴史を伝える。西アフリカの地でマリ帝国の歴史を語り歌いながら、その栄華を伝承するのがマンデのグリオだ。

1　声の匠「グリオ」とスンジャタ叙事詩

13世紀初頭、鎌倉時代の日本で北条泰時が最初の武家法「御成敗式目」を制定し、いよいよ武士による統治がシステム化されてきたころ、それまで戦国の相を呈していた西アフリカでは、英雄スンジャタ・ケイタの活躍によりマリ帝国が成立した。

それは強烈な個性をもった英雄たちが、みなぎるパワーとあふれる知恵をもってぶつかりあう黄金時代。『古事記』のアマテラスやスサノオのような個性的な登場人物たちが、『イリアス』に描かれたような胸躍る戦闘シーンを繰り広げる。マリ帝国建国の物語はいつしか叙事詩となり、語られ、歌われ、伝えられるようになった。

この『スンジャタ叙事詩』を語りと歌で伝承するのが、マンデのグリオである。

当時、マンデは西アフリカに数多く存在する小国のひとつであった。この国で、ある不思議な経緯を経て一人の王子が生まれるところから物語は始まる。彼の名はスンジャタ。幼少期には両足が萎えて歩けなかった病弱な子が奇跡的に立ちあがり、力強く慎み深い青年に育ち、やがて当時最強であったソソ国のスマオロ・カンテ王と戦うこととなる。

スマオロは精霊から授かったという木琴を所持し、さまざまな呪力を操る冷酷無比な独裁者。さすがのスンジャ

ギニアの古都カンカンのグリオたち。1996年（本章掲載の写真は資料写真を除きすべて筆者撮影）

グリオの声がカンカンの街に響きわたる。1996年

タでも歯が立たない。だが勇猛な将軍たちや忠誠を誓う友人たちの力を集結しながら戦いをつづけ、スマオロの呪術的な弱点をあばきだし、ついに勝利を収める。そして、戦いに参加したすべての国々を連合してマリ帝国が建国された。初代の王は、もちろんスンジャタ・ケイタである。

マリ帝国は300年ほど栄えたのちに滅びるが、その末裔たちは「マンデ」と総称され、スンジャタ叙事詩に描かれた世界観をみずからの社会、文化、そしてアイデンティティの拠り所としながら、21世紀の現代を生きている。

かつてマンデ社会には、ホロン（自由民）、ニャマカラ（職人）、ジョン（奴隷）という身分が存在し、ニャマカラにはヌム（鍛冶屋）、ガランケ（皮細工職人）、そして「声」を扱う「ジェリ」（あるいはジャリ）が含まれた。このジェリがいわゆる「グリオ」である。16〜19世紀のヨーロッパ人の文書において、西アフリカに広く存在する語り部の職能集団への呼称がさまざまにデフォルメされ、最終的にグリオとして定着した。グリオはアフリカの語り部を指す呼称として世界標準となったが、それを代表するのが物語性の高いスンジャタ叙事詩を伝承し、それを高度な技法で壮麗に歌いあげるマンデのジェリなのである。

ちょうど日本で能や歌舞伎の家元が父方の家筋を通して伝わるように、マンデのグリオもその家系は父方の出自を通して伝わる。もっとも有名で由緒正しいグリオの家系はクヤテ一族。スンジャタ・ケイタのグリオの子孫である（王族・貴族にはグリオが付き、助言者・スポークスマンとなった）。次に有名なのはジャバテ一族。叙事詩の冒頭で狩人兄弟の弟が魔法の野牛を射止めるが、その際に兄が弟の功績を大声で讃えたため、兄の子孫であるジャバテ一族はグリオとなった。さらに有名なのはカンテ一族。スンジャタの宿敵、スマオロ・カンテの子孫である。スマオロの強力な呪力ゆえにカンテ一族は鍛冶屋の家系となるが（製鉄の技術が呪力と結びつけられた）、精霊から授かった魔法の木琴をみずから演奏し歌っていたことから、グリオの家系も派生したのである。それ以外にも複数の家系がグリオに含まれるが、その「血」は父から子へと伝わり、能や歌舞伎とちがって男女の区別なくグリオとして活動することとなる。

こうした家系の起源譚の多くはスンジャタ叙事詩に組みこまれている。

スンジャタの父方は王族のコナテ一族、母方は隣国の王族コンデ一族。

狩人兄弟の兄からはグリオのジャバテ一族、弟からは戦士のトラオレ一族。

スマオロ・カンテの甥っ子ファコリはスマオロに妻を横取りされ、激怒してスンジャタ側について将軍として活躍し、その子孫はドゥンビア一族となる……等々。

マンデの民を構成する氏族のほとんどはこの叙事詩の登場人物の子孫である。つまり、自分の一族の始祖が登場し活躍するスンジャタ叙事詩を聴くことで各々のルーツが確認され、「私はだれ」という問いに答えが与えられるのだ。こうして、マンデのエスニック・アイデンティティは常に鼓舞されてゆく。この叙事詩を語りと歌で伝承し、人びとに開示するのがグリオの役割である。

スンジャタ叙事詩はまさにアフリカの『イリアス』であり、『平家物語』である。それゆえ、近年ではアフリカの作家によりフランス語で文学作品化され、「文字の文化」に属する私たちも「声の文化」の珠玉の物語に触れることが可能となった。もちろん、グリオの肉声がもつヴァイブレーションに触れることはできないが……

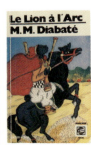

文学作品化されたスンジャタ叙事詩。左から『スンジャタ』（ニアヌ著、1960年、Présence Africaine）、『ことばの主』（カマラ・ライ著、1978年、Librairie Plon）、『弓のライオン』（マサ・マカン・ジャバテ著、1986年、Hatier）

2 語りを支える楽器

マンデ社会において、声を扱う職人として高度な技法を発達させてきたグリオ。彼らはストーリーを語り、定型化されたメロディーを歌い、複雑なアドリブ唱法を通してマンデの民を誉め讃える。そして、こうした声の技を支えるために、彼らだけに許された特別な楽器を使う。

バラ(木琴)はスマオロ・カンテの魔法の木琴「ソソ・バラ」に起源をもつとされている。ソソ・バラはギニア北東部のニャガソラ村に現在も保管されており(おそらく、何代かにわたってつくり替えてきたのだろう)、この木琴を巡る伝承はユネスコの無形文化遺産にも登録されている。マンデの地に広く普及し、グリオの演奏の支柱となっている。ちなみにヨーロッパ語で木琴はシロフォンとよばれるが、西アフリカの木琴は一般的に「バラフォン」とよばれている。

コラ(ハープ・リュート)はマンデのグリオ独自の楽器で、セネガンビア地方に起源をもつ。共鳴体である大きなヒョウタンに長い竿を立て、その両端に通常21本の弦を張る。その音色は壮麗かつ繊細で、世界じゅうに熱狂的なファンをもつ、まさにマンデのグリオを象徴する楽器である。

ンゴニ(リュート)はマンデのみならず、西アフリカに広くみられる小型のリュートで、奴隷貿易を通じてバンジョーの起源になったという説もある。グリオが演奏すると、その小さなボディから驚くほど豊かなサウンドが紡

1 木琴 バラ／マリ／1987年 収集
2 ギニア伝統音楽合奏団の名手ジェリ・ソリ・クヤテ
Djéli Sory Kouyaté «Guinée: Anthologie du balafon mandingue vol.2» BUDA Records 92534-2．
3 マリ伝統音楽合奏団のシディキ・ジャバテ(左)とバトゥル・セク・クヤテ
«Mali:Cordes anciennes» BUDA Records 1977822．
4 弦楽器 ンゴニ／マリ／2009年 収集
5 ベンベヤ・ジャズの名ギタリスト、セク・ジャバテ・ベンベヤと相棒のアコースティック・ギター。2001年、ギニア、コナクリ
6 弦楽器 コラ／セネガル／1987年 受入

1

2　　　　　　　　　　　　　　3

ぎだされる。

　20世紀にはいるとヨーロッパ人により西洋楽器がもたらされたが、そのなかで機能性の高いアコースティック・ギターはグリオのお気に入りとなり、伝統的場面においてバラ、コラ、ンゴニと同様に使用されるようになった。また、エレキ・ギターはマンデ・ポップスの形成・発展において中心的役割を果たした（第II部第1章2参照）。

　マンデの太鼓ジェンベは世界的に有名になり、いまでは世界各地に愛好家が存在し、アフリカの他の民族がジェンベを常用するケースも増えている。ジェンベはグリオの楽器ではないが、その普及とともにグリオの伴奏を務める機会も増え、ジェンベを中心とした太鼓合奏をバックにグリオが歌うことも多くなってきた。

4

5

6

太鼓 ジェンベ／マリ／ 1987 年 収集

マンデのダンスを支えるジェンベ。2013 年、コートジボワール、アビジャン

3　誉め歌で祭りを盛りあげる

グリオの役割は歴史の伝承であるが、スンジャタ叙事詩の完全版は名門グリオ一族のなかの選ばれたグリオにより秘伝として伝承され、一般の者が叙事詩全体を聴くことはない。グリオには儀礼や祭礼での演奏というもうひとつの重要な役割があり、人びとは祭りの場でグリオが歌う誉め歌を通してスンジャタ叙事詩とつながることになるのである。

　マンデの民は子どもの命名式や結婚式を盛大に祝う。その際、必ずグリオが招待され、「誉め歌」を歌う。グリオは出席者の名字を聞くと、スンジャタ叙事詩に登場するその一族の始祖の業績や資質と結びつけながら、その人を誉めちぎる。

結婚式に集ったグリオたち。この節の写真はすべて2015年、コートジボワール、アビジャンにて撮影

着飾った出席者たち。

ケイタなら高貴で勇敢なスンジャタの子孫、
カンテなら力強く豪傑なスマオロの子孫、
トラオレなら勇猛果敢な戦士となった狩人の子孫、
「だから、あなたは素晴らしい！」
すべての始祖に優れた長所があるのだから、その子孫たるあなたも優れている。
「だから、マンデは素晴らしい！」

このとき、あなたは自分がマンデとして誉められるに値することを示すため、グリオに祝儀金を渡さねばならない。公衆の面前で、派手に、堂々と。ここでどれくらいの祝儀金を渡すかが、あなたの社会的地位の指標となる。政治家、高級官僚、豪商であれば、高額の紙幣をばらまく。ときに高級車のカギを贈ることもある（自動車は近くに停めてある）。普通の人びとは、常識的な範囲でそれなりに渡せば大丈夫（ただし、小銭はダメ）。祝儀金を渡せない者は皆の前でグリオに貶されるので、祭りには参加しないのが賢明だ。

　この誉め歌とご祝儀のやりとりが最大の見せ場となり、マンデの祭りはおおいに盛りあがる。世代を超えて歌の技法をきわめてきたグリオの声には不思議な霊力があると考えられており、祭りの参加者たちはその力に巻きこまれ、日常性を超えたカタルシスを得ることになる。

　マンデの祭りは、誉め歌を通して人びとが歓喜する「交歓」の場であると同時に、グリオの歌の技法に対し各自が生業のなかで稼いだ現金を支払う「交換」の場でもあるのだ。

花嫁に歌いかけるグリオ。

グリオの誉め歌が花嫁と一族を讃える。

花嫁が祝儀金を渡す。

第8章：マリ帝国の歴史を伝える語り部｜鈴木裕之

4 華麗なる衣装の世界

ステージ衣装／コートジボワール／2023年 収集／個人蔵
デレケ・バ・デニン。布地：シディリ。デレケ・バの丈を短くしたモデル。非常に細かい絞り染めが施されている。

　グリオ一族のなかで楽器を演奏するのは主に男性だが、歌に関してはジェンダー・フリーだ。男でも女でも、歌の才能のある者が歌い手となる。スター歌手が派手な衣装でその身を飾るのは、日本の芸能界も、アメリカのショウ・ビジネスも、マンデのグリオも、みな同じであるが、とりわけ女性歌手の場合はその傾向が顕著になる。
　マンデの女性グリオは、派手な化粧をし、ゴージャスなアクセサリーを身につけ、華麗な衣装で着飾る。その輝くばかりの姿には、殺気さえ感じられる。グリオのみならず、祭りに出席する女性たちもみなお洒落で、週に何度もある結婚式などの祭礼ごとに衣装を新調する者も大勢いる。バザンとよばれる単色の高級生地、バザンを単色の染料で染めたガイン、バザンを複色に染めあげたシディリ、パーニュとよばれる彩り豊かなプリント生地。それらを仕立屋が腕によりをかけて縫製し、一点物の衣装をつくりあげる。マンデはまさに着倒れ文化だ。

ステージ衣装／コートジボワール／2019年 収集／個人蔵
デレケ・バ（フランス語の呼称は「グラン・ブーブー」）。布地：ガイン。上着（貫頭衣）の中央に刺繍が施されている。

ステージ衣装／コートジボワール／2022年 収集／個人蔵
デレケ・バ。布地：シディリ。首元から大胆なモチーフが広がる。

ステージ衣装／コートジボワール／2022年 収集／個人蔵
デレケ・バ。布地：シディリ。絞りの技法で、左右別々のモチーフに染めている。

ステージ衣装／コートジボワール／2020年 収集／個人蔵
デレケ・バ。布地：バザン。上着（貫頭衣）、腰巻、スカーフの3点セット。コンサート用に派手な装飾を施している。

ギニア伝統音楽合奏団のジェリ・マムトゥ・カンテと2人の妻。ンゴニを抱えた夫とともに、着飾った妻たちも歌手として同合奏団で活躍した。2001年、ギニア、コナクリ

ステージ衣装／コートジボワール／2023年 収集／個人蔵
ターユ・バース（フランス語「短いサイズ」の意）。布地：ガイン。上着を短めに仕立て、刺繍を施している。

ステージ衣装／コートジボワール／2019年 収集／個人蔵
ローブ（フランス語「ドレス」の意）。布地：バザン。
ワンピースタイプに仕立てたもの。

ステージ衣装／コートジボワール／2021年 収集／個人蔵
ターユ・セレ（フランス語「きっちりサイズ」の意）。布地：ガイン。上着を短く、体にフィットさせたサイズ。若い女子に人気。

　グリオのライバル関係は熾烈だ。相手の上をゆくためには、演奏と歌に磨きをかけるのはもちろんのこと、金をかけた豪華な衣装で人びとを圧倒する必要がある。祭りというハレの場で、色とりどりの派手な衣装で着飾る出席者たち。グリオたちはその上をゆくきらびやかな衣装を身につけ、大判のスカーフで頭を飾り、黄金のアクセサリーを耳、首、腕にまといながら、人びとを誉めちぎる。この圧倒的な存在感ゆえに、グリオの口から放たれる誉め歌は天啓としてマンデの民の魂に響くのである。

　スター・グリオたちはその歌声と衣装で競いあい、ファンたちは自分の「推し」に喜々として祝儀金を渡す。まるで日本のアイドルの「推し活」である。世界は広いが、人間のやることはどこも同じだ。

II

1 ポピュラー音楽と吟遊詩人

吟遊詩人は時代の変遷のなか、さまざまな社会的役割を担うとともに、その多くは地域社会において、時には畏怖の対象とされ、また時には社会的周縁に追いやられてきた。近年は、ポピュラー音楽界、グローバルな消費社会、さらには無形文化遺産保護運動との繋がりのなかで、その芸能の様式や、自身の表象のありかたを柔軟に変化させている。

115　1　世界に羽ばたくアズマリ
　　　　　川瀬慈

119　2　ワールドミュージックするグリオたち
　　　　　鈴木裕之

124　3　創造のローカリティ──
　　　　　タール沙漠の芸能集団が歩む変動のマーケット
　　　　　小西公大

130　4　吟遊詩人を継承するモンゴル・ラッパーたち
　　　　　島村一平

ポピュラー音楽と吟遊詩人

1
世界に羽ばたくアズマリ──川瀬慈

エチオピア北部の地域社会に根付いて活動をおこなうアズマリたちの近年の変化をとらえるうえでの重要な点のひとつに、特定の店舗、とくにアズマリベット（アムハラ語で"アズマリの家"の意）の専属音楽家として働く者が増えていることが指摘できる。アズマリ音楽が盛んな北部都市ゴンダールやその郊外で活動するアズマリたちの多くは、首都アディスアベバのアズマリベットを拠点に活動するアズマリを成功者としてとらえている。

各地を移動し、活動の場を求めて徘徊し、酒場をおそるおそるのぞきこみ客を探すような"流しの芸人"然とした、地方の若い世代のアズマリにとって、首都のアズマリベットで働き、定期的に給料を受けとる同郷の仲間、先輩たちがうらやましくみえるのは自然なことであろう。特定のアズマリベットに属することで、海外のプロデューサーや音楽家との交流機会が増え、海外における公演の仕事を得る可能性もある。

都市型の新しいアズマリたち

首都のアズマリベットを拠点に、アズマリは「エチオピア伝統文化」の象徴として近年エチオピア国内外において知名度を高めつつある。アズマリベットにおいては、外国人客に対して英語で歌いかけるアズマリが出ている。

これまで日本ツアーを何度もおこなってきたことで知られるHaddinQo（ハディンコ）（1991年–）は、突出したマシンコ演奏能力をもつ一人のアーティストだ。彼は、アズマリベットとも、アズマリ特有の地縁、血縁的な紐帯とも無縁の存在である。またヒップホップ、レゲエ、ロック、クラッシック、ジャズのジャンルの垣根をこえて、エチオピア国内外のさまざまなミュージシャンたちと共演をおこなっている。長年敵対してきたエリトリアのエサイアス政権との対話を実現させ、さまざまな外交問題をスピード解決させたことが評価され、アビィ・アハメド首相が2019年にノーベル平和賞を受賞したことは我々の

HaddinQoと民謡ユニットこでらんに〜による民謡交換プロジェクトのポスター。
提供：一般社団法人エチオピア・アートクラブ

HaddinQoと民謡ユニットこでらんに〜による民謡交換プロジェクト。2023年、東京。筆者撮影

1 マシンコを弾き語るHaddinQo。2022年、東京。筆者撮影
2 マシンコを弾き語るデレブ・デッサレイ。2018年、東京。筆者撮影

記憶に新しい（また、その後の2年にわたる凄惨な内戦も）。オスロ市庁舎でおこなわれた荘厳な授賞式の場でHaddinQoはエチオピアから派遣されたバンドの一員としてマシンコの演奏をおこなっている。

百戦錬磨のアズマリでもHaddinQoのマシンコの早弾き、色彩豊かな、とでも形容したくなるような音に驚くだろう。彼のような、これまでのマシンコ演奏の脈絡にとらわれない新しい時代のアーティストが、世間のアズマリについてのイメージをどのように変えていくのであろうか。そしてそれに対して、エチオピア北部の地域社会を拠点に活動する従来のタイプのアズマリたちはどのような反応を示すのであろうか。

楽師からアーティストへ

ゴンダール、ブルボクス出身のアズマリであり、シドニーを拠点にするデレブ・デッサレイ（1977-）は、近年日本でも公演活動を積み重ね、注目を集める音楽家だ。HaddinQo同様にデレブも、アズマリの定義を更新するアーティストである。デレブの父親、母親、兄弟は各地を移動して歌うアズマリだ。彼は、物心ついた五歳のころには、ゴンダール市内の結婚式などで演奏をおこなう両親について回り、みようみまねでマシンコを演奏し、音楽の技能を身につけていく。10歳になったころ、彼の一家は首都のアディスアベバに移住する。デレブは酒場で演奏をおこない、ときには一人で、ときには妹とともに、流しの芸人として活動する。そのうち、歓楽街のアズマリベットの専属歌手として研鑽をつむようになる。デレブはその店の常連客であったオーストラリア人女性と結ばれ、音楽活動の拠点をオーストラリアに移すことになる。しかしながら、生活の習慣が異なるオーストラリアにおいては、すべてが新しく、最初はカルチャーショックを受け、ほとんど満足な音楽活動を展開することができなかったのだという。

エチオピアとオーストラリアを行き来するなかで、2003年にウォロというシングル曲をリリース。ウォロ地域の農村の牧歌的な生活への憧憬がテーマ

3　タデラ・ファンテ《サラム テナ イスタリン》2001年
4　メサラット・ベッレタ《グムグム》1999年

3

4

1　ガンネトゥ・マスラシャ《リップ ウルキ》
　　2005年
2　デレブ・ゼネバ（デッサレイ）《バンチ マジェン》
　　2004年
3　ソウスト・ウォタトゥ・ディムツェンニャウォチ
　　（3人の若い歌手）
　　《ソウスト・ウォタトゥ・ディムツェンニャウォチ
　　（3人の若い歌手）》2004年

（117-118頁掲載のカセットテープのジャケット
上の年号はエチオピア暦）

の曲であるが、これが大ヒットしてデレブの名はたちまち全国的に広まる。その後、オーストラリアのレーベルより、エチオピア国外のオーディエンスを意識して発表したアルバム《Drums and Lions》(2005年)は、デレブによるマシンコの弾き語りと、ニッキー・ボンバによるパーカッションが絡む。エチオピア北部の伝承曲や、夭折した伝説のアズマリ、アサファ・アバテの楽曲のカバーなどを含み、みずからのアズマリとしての出自を冷静に直視しつつも、アズマリのだれもが到達しえなかった、音楽的境地に達している。このアルバムは、WOMADをはじめとする、いわゆる"ワールドミュージック"の舞台に彼を押し上げ、デレブは世界をツアーすることになる。その勢いに乗り、オーストラリアのミュージシャンたちとロックバンドDereb The Ambassadorを結成。バンド名を冠したアルバム《Dereb The Ambassador》(2011年)、そして《Ethiopia》(2018年)は、マシンコの演奏やアズマリ特有の楽曲は影をひそめ、野太いブラスのグルーヴ、キーボードの演奏が前面に出されている。

葛藤こそが創造の源泉

アズマリの音楽の継承というミッション、エチオピア北部のアズマリにむけられる蔑視とのたたかい、音楽的創造への野心と情熱。さまざまな想いや感情が絡むなか、オーストラリアにもエチオピアにも安住の地を見出せないことから生まれる葛藤。それはすなわち、デレブという類まれなアーティストの創造の源泉そのものである。アジスアベバのFMラジオ番組、さらにはエチオピア各地の大学での講演を通して彼は「我々はアズマリではなく、アーティストである」という主張を繰り返しおこなっている。地域の職能者からアーティストへとみずからを読み替え、創造、発信していく、これらの革新者たちの活動は注目に値するだろう。

本稿は主に以下の著作を一部改変してもちいた。
川瀬慈 2020『エチオピア高原の吟遊詩人──うたに生きる者たち』音楽之友社

2 ワールドミュージックするグリオたち──鈴木裕之

ポピュラー音楽と吟遊詩人

マンデ社会においてグリオは「声」を専門に扱う職人である。彼らは言霊の宿る声と高度な話術でマンデ社会における言語コミュニケーションの流れを調整するのだが、スンジャタ叙事詩を歌と語りで伝承し、祭りで誉め歌を高らかに歌うその音楽的技法は彼らをポップスの活動へと誘い、現在ではワールドミュージックの分野でアフリカ地域を代表するポップ・スターを数多く輩出している。

ギニアのナショナリズム・ソング

グリオが伝統的領域を離れて舞台芸術の分野に登場したのは、植民地時代の1950年、ギニア出身のケイタ・フォデバによりパリでアフリカ・バレエ団が結成されたときである［写真1］。アフリカの伝統音楽と踊りを舞台にのせ、宗主国の「白人」の観客に披露したアフリカ・バレエ団はフランスをはじめヨーロッパで人気を博したが、その中心メンバーであるカンテ・ファセリはギニアのグリオであった。彼はギタリストとして、編曲者として活躍し、グリオのレパートリーが大々的にとりあげられた。

1958年、ギニアがフランスから独立すると、セク・トゥレ大統領は音楽を通して国民文化を創出するというユニークな文化政策にのりだした［写真2］。アフリカ・バレエ団はギニアの国立舞踊団として新興国家に組みこまれて文化アンバサダーとして世界じゅうをツアーして回り［写真3］、グリオを中心とした国立伝統音楽合奏団が結成されて、クヤテ・ソリ・カンジャ［写真4］やカデ・ジャワラ［写真5］などのスター・グリオが伝統的唱法で高らかに歌い、さらに西洋楽器を使って伝統音楽をモダンにアレンジしたポップスを演奏する国立バンドが結成された。

最初の国立バンド、シリ・オルケストルは1959年に結成されるが、人数が多すぎたためオルケストル・パイヨット［写真6］とジャルダン・ドゥ・ギネー［写真7］に分裂し、後にそれぞれケレティギ・エ・セ・タンブリニ、バラ・エ・セ・バラダンと改名した。さらに1966年にはベンベヤ・ジャズ・ナショナル［写真8］、1971年にはホロヤ・バンド・ナショナル［写真9］が国立バンドに加わり、ポップなナショナリズム・ソングでギニアのみならず近隣諸国の人びとをも踊らせていった。

バマコからアビジャンへ

ギニアの隣国マリでもセク・トゥレ大統領に範をとり、音楽を中心としたナショナリズム文化政策が推進された。ギニアもマリも多民族国家であり、文化政策においては各民族の独自性を尊重しながら国民文化を形成するという建前がとられたが、実際にはマンデのグリオの影響があまりにも強力なため、

1 パリで発売されたアフリカ・バレエ団のレコード
«Les Ballets Africains de Keïta Fodéba»
Disques Vogue, LDM.30.040, (1959)

2 ギニアの切手をあしらった独立12周年アルバム
«Guinée An XII»Syliphone, SLP21, (1971)

3 ギニア独立後のアフリカ・バレエ団
Ballets Africains de la République de Guinée, Syliphone, SLP14, (1970)

4 ギニアを代表するグリオ、クヤテ・ソリ・カンジャ
Kouyaté Sory Kandia«L'Épopée du Mandingue Vol.3» Syliphone, SLP38, (1973)

5 ギニアの歌姫、カデ・ジャワラ
Kadé Diawara«L'archange du Manding» Syliphone, SLP62, (1977)

6 ギニアの国立バンド、オルケストル・パイヨット
Orchestre Paillote«Vol.1»Syliphone, SLP1, (1967)

7 ギニアの国立バンド、ジャルダン・ドゥ・ギネー
Jardin de Guinée, Syliphone, SLP2, (1967)

8 人気ナンバー・ワンのベンベヤ・ジャズ・ナショナル
Bembeya Jazz National
«10 ans de succè» Syliphone, SLP24, (1971)

9 古都カンカン出身のホロヤ・バンド・ナショナル
Horoya Band National«Savane profonde» Syliphone, SLP41, (1973)

コンサートで歌うグリオ、ミシア・サラン。ギニアのコナクリにて。2001年、筆者撮影

舞踏団、伝統音楽合奏団、ポップスともにその大黒柱はマンデ音楽で、他の民族の音楽が時々「花を添える」とう感じであった。であるから、実質的にはギニア音楽、マリ音楽ともに「ほぼマンデ音楽」といった観を呈していた。

マリの文化政策から生まれた最重要バンドが首都バマコで結成されたレイル・バンドで、アルビノという障害を乗り越えてアフリカを代表する歌手となったサリフ・ケイタを擁していた［写真10］。彼はグリオではないが、グリオの唱法を完全にマスターし、その歌はマンデの神髄を伝えるものとして高く評価されている。

1973年にサリフ・ケイタがライバル・バンドであったアンバサドゥールに移籍すると、優秀なグリオであるモリ・カンテがレイル・バンドの歌手の座に就き［写真11］、以降、このふたつのバンドのライバル関係がマリ音楽の発展を牽引していった。

1978年、アンバサドゥールはより良い経済環境を求めて隣国コートジボワールのアビジャンに移住した。社会主義的なナショナリズム政策を採っていたギニア、マリに対し、親西欧的な資本主義体制のコートジボワールは経済力も豊かで、当時の首都アビジャンは近隣諸国からの移民を集めていた。「隷属のなかの豊かさよりも、貧困のなかの自由を」というスローガンにしたがってがんばってきたものの、やはり経済的豊かさは重要である。歌手サリフ・ケイタと優秀なギタリスト兼アレンジャーであるカンテ・マンフィラ率いるアンバサドゥールはアビジャンのマンデ・コミュニティを中心に

10 レイル・バンドのデビュー・アルバム
Orchestre Rail Band de Bamako,
Bärenreiter-Musicaphon, BM30 L2606, (1970)

11 モリ・カンテ時代のレイル・バンド
Super RailBand, RCAM 3301 N 77, (1977)

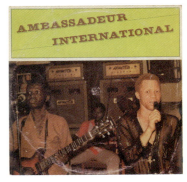

12 アビジャン時代のアンバサドゥール
Ambassadeur International, Badmos
International Records, BIR002, (1980)

13 モリ・カンテのソロ・アルバム
Mory Kanté, Eboni Records, ER0007,
(1982)

14 サリフ・ケイタ《ソロ》
Salif Keïta «Soro», Stern's Africa, Sterns
1020, (1987)

15 モリ・カンテ《アクワバ・ビーチ》
Mory Kanté «Akwaba Beach»,
Barclay Records, 833 119-1, (1987)

＊レコードはすべて鈴木裕之所蔵。

活躍し、やがて民族の枠を超えて全国区のスターとして人気を博していった［写真12］。

　レイル・バンドの歌手モリ・カンテも1978年にアビジャンに移住し、ソロ活動を展開していった。白人観光客の多いホテルやバーでの演奏が多かった彼は、いち早く「白人好み」のサウンドを理解し、それを自身の作品に反映させていった［写真13］。

ワールドミュージックへの飛躍

アビジャンで、アンバサドゥールはギニアで生まれたバンド形式のマンデ・ポップスを完成させ、モリ・カンテは「白人」にもウケる新たなる表現形式を模索していた。そして、いよいよ次なるステップに踏みだすべく、1984年にサリフ・ケイタとモリ・カンテが、1985年にカンテ・マンフィラがパリに移住していった。

16 カセ・マディ《フォデ》
Kassé Mady«Fodé», Stern's Africa, Sterns 1025, (1989)

17 カンテ・マンフィラ《ディニヤ》
Kanté Manfila«Diniya», Disque Espérance, CD8467, (1990)

エレキ楽器を使い、伝統的祭からポップスまで演奏するグリオ。ギニアのカンカンにて。1996年、筆者撮影

　当時、セネガルのトゥレ・クンダやナイジェリアのキング・サニー・アデらの活躍により、アフリカン・ポップスが散発的にではあるが売れはじめていた。また、シンセサイザーやドラム・マシンの普及により、まったく新しいサウンド・メイキングが可能となってきていた。

　そんななか、1987年にサリフ・ケイタがアルバム《ソロ》［写真14］を、モリ・カンテが《アクワバ・ビーチ》［写真15］を発売する。前者は最新のテクノロジーとサリフ・ケイタの深みのある歌唱を見事に結びつけ、後者はグリオのレパートリーをディスコ・サウンドに載せ、世界的ヒット曲「イェケ・イェケ」を放った。ちょうど同じ年、欧米の音楽マーケットに「ワールドミュージック」という販売カテゴリーが設定され、結果的にこの2枚のアルバムはワールドミュージック・ブームの幕開けを告げることになったのである。

　その後、カセ・マディ［写真16］、カンテ・マンフィラ［写真17］などマンデを代表するグリオがパリをベースに次々とアルバムを発表し、スンジャタ叙事詩の伝承者たちの世界的活躍が始まったのである。

3

ポピュラー音楽と吟遊詩人

創造のローカリティ——タール沙漠の芸能集団が歩む変動のマーケット｜小西公大

インド北西部に広がる荒涼とした大地、タール沙漠。現地の言葉で「ルー」とよばれる砂まじりの熱風が肌をチリチリと焦がす。集まってきた人びとは、そこから身を守るように薄手の布地を羽織り、ケージュリーの樹下や泥造りの小屋がかろうじてつくり出した日陰へと身を寄せ合い、儀礼の始まる夕刻を待ちながらアマル（アヘンの樹液）の回し飲みをしている。

そこに、沙漠の老楽師がハルモニウムを抱えてやってくる。老楽師は、供されたチャーエ（ミルクティー）を美味しそうに啜りながら荷を解き、しゃがれた声でスブラージ芸（パトロン世帯の家系称揚）を始める。

なんと輝かしきラーウティヤー（パトロン世帯の氏族名）の一族！ 尊きパルマール（王統名）の血を引く正当な戦士たち。偉大なるダルマー・ラーム（パトロン世帯の曽祖父の名）は空を駆け、大地に栄誉の光を投げかけるだろう！

年に2度おこなわれる、パトロン世帯の信仰する女神の祭祀の始まりである。ハルモニウムの音色と老人の張りあげる声は風に乗って沙漠の大地を駆け、通りすがりの牧夫たちが集まってくる。祭祀は山羊の供犠でクライマックスを迎え、人びとは女神に供した山羊を解体して数々の料理をつくる。密造酒片手の宴は、夜がふけるまで続けられる。

*

ここで登場する楽師は、マーンガニヤールとよばれる、ヒンドゥー世帯をパトロンとするムスリム楽師集団に属す老人で、みずからが管轄する世帯での人生儀礼や祭祀の際にはどこでも楽器を片手に現れる。こうしたパトロン世帯の存在は、祖先から代々受け継いできたものだ。

この旧来の社会関係に基づいた「伝統芸能」の形は、近年急激に廃れつつある。そもそもこのタール沙漠というエリアは、中世から東西交易の主要ルートであり、王権の支配する数々のオアシス都市が栄えたところであり、沙漠に住む市井の人びともこうした繁栄の一翼を担っていた。この地の豊かな芸能世界が支えてきたのは、王権を中心とした広範に広がる社会的ネットワークのもつ力であろう。

この交易ルートが1947年の印パ分離独立によって閉ざされ、都市部が急激に衰退の一途を辿ると、多様な芸能集団たちが保持してきた多くのパトロンたちが没落し、沙漠の芸能者たちの多くが路頭に迷う結果となった。彼らは細々と生業である芸能活動を続けながら（あるいはやめてしまったりしながら）、生存戦略を他のさまざまな職種（農業労働や石材業、小規模な牧畜業など）へと変更せざるを得なかった。

婚姻儀礼にやってきたマーンガニヤールの老人。2012年、インド、ジャイサルメール県（本章掲載の写真は資料写真を除きすべて筆者撮影）

1　古（いにしえ）の王族たちの慰霊碑が並ぶ観光スポット（バダーバーグ）。2011年、インド、ジャイサルメール県
2　結婚式に欠かせない女性たちによる詠唱。2012年、インド、ジャイサルメール県
3　ヌール・モハメド・ランガー Noor Mohamed Langa ほか《ザ・ラーンガー・レジェンド The Langa Legend》Mahima 1994年
4　カルナー・ラーム・ビール Karna Ram Bhil ほか《サターラー・ナル Satara Rarh》Mahima 1994年
5　サディーク・カーン・マーンガニヤール Sadique Khan Manganiyar《Late Sadique Khan Manganiyar》Mahima 1994年
6　ブンドゥー・カーン Bundu Khan《ブンドゥー・カーン・ラーンガー Bundu Khan Langa》Mahima 1994年
7　サーカル・カーン・マーンガニヤール Sakar Khan Manganiyar《カマーイチャー Kamaicha》Mahima 1994年
8　ブンドゥー・カーン・ラーンガー Bundu Khan Langa ほか《メモリー Memory》Mahima 1994年
9　ブンドゥー・カーン・ラーンガー Bundu Khan Langa ほか《Rajasthan Folk Music Vol.1》Living Media India.ltd 1992年
10　ブンドゥー・カーン・ラーンガー Bundu Khan Langa ほか／《Rajasthan Folk Music Vol.2》Living Media India.ltd 1992年
11　ネーク・モハンマド・ラーンガー Nek Mohammad Langa《ニンブーダー・ニンブーダー Nimboda-nimboda》Shri Krishna Record
12　K.C.マートゥー K.C. Matu《グーマル Ghoomar》Veena Music 2020年
13　ネーク・モハンマド・ラーンガー Nek Mohammad Langa《ゴールバンド Gorband》Shri Krishna Record
14　《The Tribal Raphsodies- Musical Treasures of Rajasthan Tribes》De Kulture Music 2009年
15　《The Great Indian Desert》De Kulture Music 2010年

　失われつつある芸能世界に大きな変動が起きたのは、70年代に始まり、80年代以降に興隆することになる観光市場の発展だ。沙漠に残された、中世の街並みを残す美しい城塞や市街地は、ラージャスターン州政府のバックアップのもと徹底したテコ入れがされ、世界各国から多くのツーリストをよびこむことに成功した。生業を失いつつあった沙漠の楽師たちやダンサーたちは、こぞってみずからのルーツである芸能者としてのアイデンティティを復活させ、乱立するホテルやレストランなどに雇われては、その芸を磨いていったのである。

　もうひとつ、ジョードプル県のボールンダー村を拠点に、この地の芸能を保存しつつ復興させていこうとする文化運動が生まれたことも、この地の芸能世界を再編成するのに大きな力をもった。その中心にいたのは、民俗音楽学者であるコーマル・コーターリーという人物。タール沙漠にみられる芸能の豊かさを、彼らの生活世界とともにホリスティック（全体論的）に理解し、新たな芸能活動に繋げていこうとするための拠点、ルーパーヤン・サンスターンが立ち上げられた。沙漠の芸能者たちは、この研究所を介して国内外のステージに立ち、名声を獲得していったのである。

　また、60年代から始まった沙漠の民俗音楽の録音作業は、カセットやCDなどの媒体を通じて市場に出回るようになっていく。80年代には、彼らの歌う民謡に、おざなりの振り付けを施したダンスを付け加え、少しエロティックに構成されたVideo-CDが国内市場で人気を博すことになる。彼らがツーリズムだけでなく、国内もしくはよりローカルな音楽産業のなかで少しずつそのポジションを獲得していった証である。

　90年代にはいると、世界的なロマ（ジプシー）の文化復興運動がおき、

3

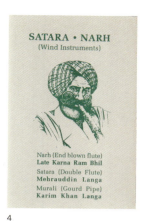
4

5

6

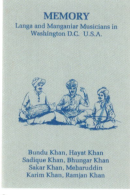
7

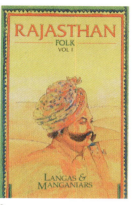
8

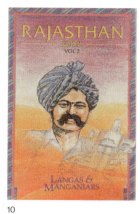
9

10

11

12

13

14

15

クイーン・ハリーシュの名で一世を風靡したダンサー。2011年、インド、ジャイサルメール県

カールベーリヤー舞踊の衣装／インド／ラージャスターン／2016年 収集

第Ⅱ部　　　　　　　　　　　　　　　　　　　　　　　　　　　　　　　第1章：ポピュラー音楽と吟遊詩人

世界じゅうに拡散したロマ文化の起源が、このタール沙漠の芸能者たちであるとする言説が広がることになる。93年に封切られたトニー・ガトリフ監督の映像叙事詩『ラッチョ・ドローム』は、フランスの音楽監督アラン・ヴェヴェールの指揮のもと、楽師集団マーンガニヤールや英雄神ラームデーヴに捧げる芸能テーラーターリー、蛇使い集団の女性たちの舞踊カールベーリヤー・ダンスなどを混合させた、新たな「ラージャスターン民俗芸能」の姿を、その冒頭にしっかりと刻むことになった。こうしたロマ・ブームに乗る形で、沙漠の芸能者たちはグローバルな市場に本格的に参入していった。パトロン世帯を明確に保持する定住型の楽師たちも、こぞって「ジプシーのルーツ」「沙漠の放浪芸」というマーケットの宣伝文句を引き受け、みずからの戦略としていくことになる。映画『ジプシー・キャラバン』(2006)もその典型例である。

一方で、2010年代になって落ち着いてきたロマ・ブームの傍ら、イスラーム神秘主義(スーフィズム)の音楽世界が「ワールド・ミュージック」なるグローバル市場で幅広く消費され始めると、これまでヒンドゥー世帯をパトロンとすることで生き延びてきた楽師たちは、こぞってみずからの「イスラーム性」を強調しはじめる。南アジアのスーフィー文化のひとつとして認知を得ていた宗教歌謡「カゥワーリー(カッワーリー)」を積極的にそのレパートリーに取りこむ戦略も取られている。

サーランギーを奏でるラーンガーの老人。2013年、インド、ジョードプル県

*

現在でも、冒頭に紹介したようなローカルな儀礼的役割を果たす人びとは少なくないが、多くの芸能者たちは都市部に移り住んでコロニーを形成し、市場の動きに対応しながら、柔軟に生存戦略を練っている。活動拠点となるマーケット(地元の観光市場、国内音楽市場、グローバル市場など)は複数にまたがり、かつ使用する楽器やもちいられるレパートリー、コラボレーションするアーティストから歌詞の内容にいたるまで、その変化の容態はあまりにも激しく、うつろいやすい。一方で、彼らなりにみずからのローカリティやルーツをどこに定めるのかをめぐって、多様な議論が繰り返されているのも事実だ。彼らにとっての「根」とは何か、彼らの「翼」はどこに向かっているのか。変動しつづけるマーケットのなかで揺らぐ彼らの生き様に、「強かさ」を見出すのは私だけだろうか。

4 吟遊詩人を継承するモンゴル・ラッパーたち──島村一平

ポピュラー音楽と吟遊詩人

吟遊詩人の末裔としてのラッパー

モンゴルの吟遊詩人たちの韻踏み文化は、意外なところで継承されている。ヒップホップである。モンゴルのラッパーたちは、伝統的な韻踏み文化を現代のヒップホップ文化と融合させることで新しい文化を生み出している。

モンゴルではヒップホップのミュージックビデオ(MV)のYouTube動画再生回数が100万回を超えることも珍しくない。最近では、若手ラッパー、ヤング・モジー(Young Mo'G)によるパーティーチューン「NAADII(ナーダムやろうぜ)」(2022年)のMV動画再生回数が2200万回を超えた(2024年1月時点)。

モンゴルの人口は340万人程度であり、日本の人口の30分の1にも満たない。いかにこの国でヒップホップ(ラップ・ミュージック)が大きな人気を集めているのかがわかるだろう。

社会批判する現代の詩人たち

ヒップホップは、アメリカの黒人たちの社会矛盾に対する叫びから生まれた。モンゴルのヒップホップ人気も、貧富の差や環境汚染、政治腐敗などが大きな社会問題となっていることと無縁ではなく、ラッパーたちは、舌鋒するどく政治家や社会批判をする。たとえば、モンゴル・ヒップホップのオリジネーターのMCIT(エムスィット)は、「大統領への手紙」(2000年頃)とい

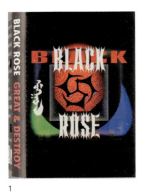
1

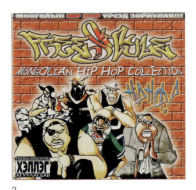
2

3

4

第1章：ポピュラー音楽と吟遊詩人

社会主義時代の反抗の詩人チョイノムは、ヒップホップのグラフィティーとして描かれることも。右はラッパーのジェニー。2019年、モンゴル、ウランバートル市。筆者撮影

う曲で、貧しい庶民の視点から当時の政府の無為無策を以下のように強烈に皮肉った。ラッパーは、社会批判する詩人なのである。

　　大人しいモンゴル国民たちは、数千トゥグルクの給料を家族で分けて
　　なんとか暮らすために1トゥグルグまで細かく計算して
　　朝も昼も食べず夜は一杯のうどんを食べてます　石炭の煙で霧のようになったこの首都で
　　石炭を燃料にしたゲルで　石のように固くなった古い茶で入れる黒茶を飲み

5

6

7

8

1　ブラック・ローズ（Black Rose）《グレート＆デストロイ（Great & Destroy）》Sonor Records、1996年

2　V.A.《Free Style-Mongolian Hip Hop Collection》Egshig、2002年

3　ルミノ（Lumino）《やってきて去ってしまった恋（Ireed Butssan khair min）》Michid Records、Sonor Records、2002年

4　アイストップ（ICE TOP）《俺の神様（Shuteen min）》MICHID Records、2003年

5　デジタル（Digital）《5年（Tavan jil）》Hit entertainment、2005年

6　タタール（TATAR）《タタール（Tatar）》（日本語版）MS entertainment、2005年

7　ルミノ（Lumino）《ラマ僧の涙（Lamba guain Nulims）》Sonor Records、2005年

8　ガイズ666（GUYS 666）《70 Baby》Sonor Records、2006年

1 クイザ（QUIZA）《風馬香経（ヒーモリン・サン、Khiimoriin san）》Komit Group、Next Level、2006年
2 ツェツェー（Tsetse）―ヴァンキッシュ（Vanquish）《220》Interstate Records、2008年
3 MG《俺の意見（Minii Uzel Bodol）》2016 Studio、2009年
4 ベンジ・ビンクス監督作品 映画《モンゴリアン・ブリング（Mongolian Bling）》DVD Binks INC and Flying Fish Films、2012年
5 ロキットベイ（Rokitbay）《責任（Khariutslaga）》2016年

一切れのパンに昨日の残りを食べるか　何も食べないのが朝ごはん
（中略）
国のお偉いさんたち　あんたたちは　祖国や国民の名誉を高めるのが仕事であって
自分の親族やお仲間たちにだけに徳を施すのは
やっちゃいけないことでしょうが
何年か灰色の政府宮殿で　口げんかを重ねてつくった法律も
それを逸脱する権限を　官僚たちに与えているだけじゃないんすか
法律ってだれに有効なもんなんっすか
貧しい国民を抹殺するためにつくった命令ですか

また、ゼロ年代から現在にいたるまで、モンゴル・ヒップホップの代表的なグループとして活動しつづけているICE TOPも「76」という曲（2002年）で汚職をする国会議員たちを歯に衣着せずに批判する。

柔らかい椅子からケツを上げることなく、毎日話し合い、
正しいか、まちがっているか、たーくさんの法律を決めて
ほんのちょっとだけ、国民の前にテレビで姿を見せて
実行はしないくせに、口約束ばかりの76人にこの歌を捧げる

1

2

3

4　5

DESANT（デサント）。2023年、モンゴル、ウランバートル。筆者撮影

モンゴルのトップMC、DESANT（デサント）のサイン入り舞台衣装｜モンゴル／ウランバートル／2023年収集
この舞台衣装は、基本的にアメリカ西海岸のギャングスター・ラッパーをモデルにしたものである。2010年代中ごろにデサントが着用していた。本人による寄贈。BALLERGANGとは彼のレーベルの名である。

4｜吟遊詩人を継承するモンゴル・ラッパーたち｜島村一平

1, 2
モンゴルのトップMC、DESANT（デサント）の
レーベルBALLERGANGのトレーナー
モンゴル/ウランバートル/2023年収集
モンゴルの通貨トゥグルクの単位記号（₮）がデ
ザインされている。これは、ラッパーの経済的な
成功を象徴したものである。

飲んで食って、腹いっぱいになって、喉につかえているじゃないか？
国をゴミにするためにおまえたちは、今、しなくちゃいけないことをやめたんじゃないのか？　人のためにこの社会の汚染を滅ぼそうぜ。
国の繁栄のために貢献することを決意しろ！決意しろ！　決意しろ！

環境汚染とヒップホップ

2010年代のモンゴルでは、経済成長と並行してインフレ率が二桁で進行していく。そして、物価は目に見える形で日に日に上昇していった。その一方で地下資源開発によって引き起こされる環境汚染は、周辺地域に暮らす牧民たちに深刻な影響を与えていった。そんな中、GEEは鉱山開発による自然環境の破壊を批判した曲、「俺に故郷を残しておくれ（Minii nutgiig nadad üldee）」[1]（2011）を発表する。ビデオクリップは、環境破壊によって滅んだモンゴルの近未来が舞台となっている。荒地をさまよいながら、悲しみに打ちひしがれる一群の男女。そのなかで本当の豊かさとは何なのか、GEEは問いかける。

　カネだけがあればいいんだよって、バイラグ（豊かさ、資源）を売っちまった。

富や資源っていうが、物質的なものばかりを探し求めているだろう？
でも本当の（バイラグ）ってもんは、その大地の下になんかに、ねえぞ。
おまえの血、おまえの知恵、おまえの大地。そしてその地に育つ植物。
それが本物の（バイラグ）ってやつさ。
金や銀を売っても、カネを人間は食うことはできねえんだよ。
草を家畜が食い、家畜を人が食っているってことをわからなくなったっていうのか？
まさかだろ？　将来、モンゴルという名の砂漠を俺たちはみることになるかもな。

モンゴル化するヒップホップ

ところでモンゴルのアーティストたちは、ヒップホップの曲に馬頭琴などの伝統楽器の演奏やホーミーなどの歌唱法を取り入れた曲をつくることが少なくない。ホーミーとは、同時に濁声のような低い声と天に届くような高い声を同時に発声する内陸アジアの伝統的な歌唱法だ。

ヒップホップのジャンルで最初に伝統音楽と融合したのはクイザの「ラクダの隊商」（2006）という曲だった。このエスノラップの文化は新世代のラッパーにも継承されている。たとえば、**NMN ft. JONON**の「火花」（Tsakhilbaa, 2016）は、女性の一途な恋心を歌ったチルアウト系の曲だ。女性ラッパー**NMN**のささやくようなラップが馬頭琴や横笛リンベといった伝統楽器に心地よくクロスオーバーしている。このような伝統文化と現代文化の融合をモンゴルの人びとは、「モンゴル化」と呼んでいる。

冒頭で紹介した人気ラッパー、ヤング・モジーは、大ヒット曲「Mongol Swag（モンゴル、やべえ）」（2023）において、視覚的にも聴覚的にも伝統文化と融合したラップ曲をつくっている。

プロモーションビデオ（PV）映像に映ったヤング・モジーは、民族衣装にサングラスという出で立ち。バックには、伝統音楽の楽団と民族舞踊の踊り子たち。伝統衣装に身を包んだ戦士や踊り子の華やかな舞は、あたかも大モンゴル帝国の宮廷での宴の様子のようだ。そこで彼は、「モンゴルは銃こそないが、鉱山開発で国はルールのない動物園だ」とラップする。そしてフック（サビ）の部分でモジーは「俺たちは、大ハーンたちの子孫であることを思い出すんだ」と繰り返すのである。このような過去の栄光への傾倒は、乱開発で混沌とした状態にある現代もモンゴルに対する怒りや不満の裏返しだといえる。

自国愛とままならぬ母国の現実。モンゴルのラッパーたちが歌う、一見すると矛盾するかのような批判精神とナショナリズムは、そんな二重意識のなかで生まれたものなのかもしれない。

アイストップ（ICE TOP）《モンゴル（Mongol）》NEW STAR khögjimiiin studio、2022年
モンゴルのヒップホップはレコード時代を経ずに、CDから始まった。このレコードはモンゴル初のヒップホップのレコードとなった

女性ラッパーのNMN。2017年、モンゴル、ウランバートル。本人提供

注

〈1〉Gee vs Jonon feat Bayaraa-Minii nutgiig nadad uldee
https://www.youtube.com/watch?v=Xr25 ljRX-lY

コラム 2

漂泊する声の影、世界の響き

管 啓次郎

〈吟遊詩人〉が日本語の中を放浪している。だがその正体はわからない。吟遊詩人という文字列はいたるところで紙平面に出没しているが、それがしめすものはまったく明らかではない。吟遊とは土地を訪れて、そこで新たに詩か歌をつくること？　すでに自分のレパートリーになっている詩か歌を、それぞれの土地で演ずること？　「遊」はひとまず「演」とおなじだと考えていいだろうが、「詩」の内容は怪しい。詩人と歌人と歌手は日本語では適当にすみわけているようだが、その障壁はウエハースでできているかのように破れやすくもろくはかない。日本語世界を訪ねるだけでは何もわからないに等しいので、少しは心をさまよわせてみようか。

*

歴史上、吟遊詩人の原型というと、12世紀初めごろの南フランスのトゥルバドールということになりそうだ。だがかれらは漂泊したわけではない。身分の高い騎士たちで、貴婦人への愛というフィクションを題材に、宮廷で詩作し、大まじめに遊んだ。言語的にはオック語。この詩作の潮流が北フランスに飛び火すると詩人はトロヴェールと呼ばれ、オイル語を用いて詩をつくった。12世紀のうちにドイツのある王さまとフランスのある王女が結婚したため、ドイツにも同様の詩人が生まれた。呼び名はミンネゼンガー、「ミンネ」とは愛。こうした恋愛抒情詩は、しばしば作者により歌われ、作者はみずから楽器の伴奏を試みることもあった。遍歴の有無はともかく、シンガー・ソングライターのプロトタイプではあるだろう。この全過程に、十字軍という文化衝突がもたらしたイスラム文化の影響があったことも、まずは頷ける。

　詩と歌の区別は、じつはさほど重要ではないのかもしれない。文字と声のあいだに現在われわれが思うような深淵が生まれたのは、大量印刷がはじまった後のことにちがいないから。中世フランスならジョングルールと呼ばれる旅芸人がいて、雑技・音楽・朗誦などで人を楽しませた。かれらはみずから歌をつくったわけではなくても、パフォーマーとして旅をするうちに歌唱も演奏も洗練され、独自の高みに到達することがあっただろう。その輝き。詩＝詞にも曲にも起源となる作者はいたかもしれないが、人間の言葉はもともと共同性から生まれ、メロディーとリズムはさらに大きな何かにふれている。個は別にそこまで問題ではない。名は、栄誉と伝説の源泉にはなっても、そこまでこだわる必要もない。

*

吟遊という創作形態に話を戻すなら、日本の伝統詩人のうち俳諧をなり
わいとした芭蕉や一茶は、まさに世界史的にいって第一線の吟遊詩人
だったろう。旅と創作と生活がむすびついていたのみならず、俳句の特
性からいって一所にあるときですら意識にはつねに旅が課せられてい
た。不動の旅。旅とは究極的には肉体の移動以上に意識の放浪、連続
する感知と覚醒がもたらすもの。それを考えると、ストリートで生まれるす
べての言語＝音楽表現は、あらかじめ吟遊パフォーマンスが生んだ詩歌
として、語り手＝歌い手の人生を賭けた作品だといいたくなる。

　李白、ニザーミー、カモンイシュといった古今東西の詩人たちをすべて
吟遊詩人扱いすることはできなくても、世界史はさまざまな時代とかけ離
れた土地の詩と歌を横並びにする。いまふと甦ってきたのはレゲエだ。
1979年に開催されたコンサート、レゲエ・サンスプラッシュIIから今年
で45年。シュテファン・パウル監督によるそのドキュメンタリー映画を見
ると、改めてこのジャンルの二つの背景がわかってくる。それがトレンチ
タウンのようなスラムの音楽だということ。ラスタファライの思想・信仰運
動に基づくこと。いずれも寄るべなき人々の、流浪の生をうかがわせる条
件だ。濃度の差はあってもこれらの背景を共有する歌がひらく社会的空
間、そこに生まれる希望のあり方を、たとえばバーニング・スピアーのよう
なアーティストがはっきり教えてくれる。

*

結局、吟遊詩人とはそのつどの時それぞれの土地に生まれる詩＝歌の
個別パフォーマンスの影に身を隠し、それに力と情緒を与えるニンゲンな
らざる存在のことではないかと思う。いや、存在ではないね。存在にむか
う後押しをする風のようなもの。個別の精神・肉体・所作を超えて、人と
歌の真実はつねにこことよその隔て、その隔てを歩むプロセス、そこに新
たな場をつくろうとする意志にある。その意志こそ吟遊詩人の実体だ。も
はやトゥルバドールもジョングルールもない。制作と作品に対する、あら
ゆる即興的立場がありうる。必要なのはパフォーマンスの熱、ときには狂
熱。ブラジル風のポルトガル語でいえばjeito（ノリ、態度、やり方）。商業化
を前提とした定型化によって生きる者には、その尻尾をつかまえることす
らできないだろう。

　そんな意志としての吟遊詩人は、文字が構成する水面の下にひそみ、
突然やってくる即興＝誕生の瞬間を待っている。

2

研究者のまなざし

研究者は対象の人びとを観察する側であると同時に、人びとに観察される側でもある。調査研究とは人と人の繋がりのなかに生まれる営みにほかならない。我々はどのようなアプローチで吟遊詩人と関わり、また逆にこれらの存在からまなざしを投げかけられてきたのであろうか。

139 **1** 吟遊詩人にせまる映像話法
川瀬慈

142 **2** 「裸で生まれ、裸で死んでいく」──
34年の年月から
南真木人

148 **3** 今、なぜ瞽女文化なのか──
私たちが見落とし、見捨ててきたもの
広瀬浩二郎

154 **4** 女性バウルとの出会い
岡田恵美

160 **5** ポトゥアの時代的変化を追って
岡田恵美

研究者のまなざし

1 吟遊詩人にせまる映像話法 ── 川瀬慈

人類学における映像実践のひとつに、映像による民族誌である民族誌映画がある。民族誌映画は文化事象の記録や分析、保存をはじめ、異文化理解の教材として研究や教育現場において利用され、研究を広く社会に還元する手段としても活用されてきた。たとえば、20世紀の民族誌映画の系譜を俯瞰してみよう。その様式に関しては、対象の観察に徹する観察型や、テクストやヴォイスオーバー（画面に登場しない話者による語り）による論述・解説を軸とする解説型が中心であったといえる。

研究者／制作者と被写体間の相互行為を基軸に展開するスタイル、あるいは演技を主体とする実験等も挙げられるが、これらが主流であったとは言い難い。人類学は参与観察をその中心的な調査方法として掲げてきた。そのため、研究者／制作者が、映像に収められた出来事には関与しない観察者を装い、映画のなかではその存在をあからさまに出さないという映画様式が好まれてきた。

解説型のなかには、国立民族学博物館のビデオテークや研究映像にみられるように、対象について俯瞰的な視点からのプロのナレーターによる解説を軸とし、そこに映像が組みこまれる作品がある。解説型の様式において映像は、テクストによる解説やアカデミックな論述を立証する資料に位置づけられるのである。

ビデオカメラのモニターからみずからの歌唱の様子を観るラリベラの男性とその親族。2003年、エチオピア、ゴンダール。筆者撮影

人類学における映像の多様な試み

そのようななか近年、人類学における映像をめぐる認識論の転換、カメラや編集機材を含む技術革新、メディア環境の大きな変化等にともない、民族誌映画の制作方法や様式が多様化している現状がある。人類学者による研究作品の国際的な上映と討論の場となっている民族誌映画祭を見渡すと、多様な試みがなされていることがわかる。

そこでは、研究者／制作者がカメラの前の出来事の参加者となり、被写体の人びとと日常会話を交わし、意見を交換する姿が描かれる。あるいは、対象の人びとの民族誌的情報のみならず、調査者の想いや心情の吐露が、ヴォイスオーバーによってなされることもある。いままで、どちらかといえば敬遠されてきた研究者/制作者の主観や感情が前景化され、同時代の人として被写体とともに生きる現実が映し出される。それにとどまらず、被写体の人びとに、日常生活や過去の出来事を再演してもらう等、演出や表現の次元の開拓が盛んにおこなわれている点も指摘できる。観察型や解説型のアプローチは、学術的な映像の話法として必ずしも絶対視されず、人類学的営みにおける多様な映像実践のひとつとして相対化される傾向にある。人類学における映像は、研究者の感覚や感情、あるいは表現、演出といったキーワードを軸に大きく開かれつつあるのである。

そのようななか私は、エチオピアでの長年のフィールドワークをもとにさまざまな民族誌映画を制作してきた。ゴンダールを来訪し活動をおこなうラリベラ夫妻をとらえた《ラリベロッチ―終わりなき祝福に生きる―》(以下、《ラリベロッチ》)(2007年)を制作して以来、被写体の人びとや、彼ら、彼女たちをとりまく地域社会を描写する、いわば映像の話法について、被写体の人びととの関係のなか、常に模索してきたといえる。《ラリベロッチ》、さらに近年制作した《アズマリ―声の饗宴―》(2023年)では、聴衆と歌い手の相互行為の上に成立する音楽実践の創造性、即興性を描写することを主な目的に掲げている。

筆者のフィールドノートに残されたアズマリの子どもたちによる落書き。2001–2002年、エチオピア、ゴンダール

観察と参加のはざま

《ラリベロッチ》制作時のこと。ラリベラ夫妻の映像記録をスタートしてまもなく障壁に出くわした。私は、路上に繰り広げられる歌い手の人びとのやりとりそのものをただ淡々と「客観的に」記録し抽出することが可能である、と考えていた。しかしながら、私のそういったねらいとは裏腹に、撮影中の私に対して、通りゆく街の人びとや主役であるラリベラ夫妻が盛んに話しかけたり、ジョークを言う。記録される映像から、撮影者の存在を消し去ることができない、ということに気づかされたのである。このような、撮影者の存在によって、喚起され生成する人びとのリアクションも含め、ラリベラ夫妻に対する人びとのさまざまな反応を、こちらが聴き取れる限り、映像記録から排除せず記録し、ラリベラを包摂する地域社会の人びとの態度や感情を浮かび上がらせるよう試みた。

ゴンダールにおいて音楽職能集団の調査を開始した当初は、外国人である私に対して強い警戒心をもつ大人が多かった。しかしながらアズマリやラリベラの子どもたちは、彼らの社会に関して調査・撮影をおこなう私に対して大きな好奇心を抱き、子どもたちの側から私に積極的にコミュニケーションを図るようになった。マシンコを携えて路上を歩くアズマリには、ときには容赦ない揶揄や罵声が投げかけられる。また、歌う機会を追い求めて酒場を渡り歩いていても、縄張り意識の強い大人のアズマリたちに見つかれば、子どものアズマリは追い払われてしまう。せっかく客をみつけたとしても、演奏技術の拙い子どもには、多くの報酬が払われることは珍しい。それでも決してあきらめることなく、演奏機会を求めて町中を移動し歌い続けるアズマリの少年、少女たちに対し、私は強い共感を覚えるようになった。

そのようななか、私は、日々の演奏活動、大人のアズマリたちとのなわばりをめぐる争い、アズマリの子どもの社会関係をテーマにした作品制作をおこなった。こうして、《僕らの時代は》(2006年)が生まれた。同作において導入した方法は、撮影者である私みずからが、被写体の二人とアズマリ隠語とアムハラ語で会話や議論をおこない、その様子を上記に挙げたテーマとともに、作品の主な構成要素にするというものだった。私とアズマリの子どもとの会話によるやりとりを映像のなかであえて開示し、撮影プロセス自体を作品のなかに写しこみ視聴者に示したのだ。本作の制作以降、カメラを片手に被写体との会話に参加したり、即興でやりとりするアプローチを追及するようになったが、おしゃべりな私は被写体を差し置いて喋りすぎてしまうという癖がある。対象の徹底した観察と(被写体とのやりとりへの)参加という両軸のあいだで揺れ動きながら、今日もカメラ片手に試行錯誤している。

民族誌映画・川瀬慈監督《僕らの時代は》2006年(2016年再編集)

本稿は主に以下の著作を改変してもちいた。
川瀬慈 2015「コミュニケーションを媒介し生成する民族誌映画——エチオピアの音楽職能集団と子供たちを対象とした映画制作と公開の事例より」『文化人類学』80(1)、6–19頁。

研究者のまなざし

2 「裸で生まれ、裸で死んでいく」——34年の年月から｜南真木人

きっかけは好奇心

民博のビデオテークのなかに、ネパールで撮影された《カトマンドゥのバザール》や《ガイネ——ヒマラヤの吟遊詩人》などの映像作品がある。1982年に民博の藤井知昭教授（当時、のちに名誉教授）を隊長とする「東西音楽交流学術調査隊」の映像取材班が撮影したものだ。ネパール初訪問が1980年だった私は、そこに映る町並みや人びとの服装を懐かしくみてきたが、この人たちは今どうしているのだろうという好奇心に駆られ、いつかこれらを届けられないかと思うようになった。

2013年、ネパールの結婚式の映像取材に寺田吉孝教授（当時、のちに名誉教授）と行った際、空き時間にカトマンズ盆地内で撮られた映像に映る家族を探してみることにした。契約外の業務になるが、井ノ本清和カメラマンも乗り気だ。誰あろう、彼は1982年の映像取材班の班員だったのだ。「これはあなたですか」とノートパソコン画面の映像を見せながら人を探す作業は、探偵になったようで楽しいものだった。だが、仮面工房で映像を見せていると、知らずに覗きこんだお婆さんが涙ぐんで奥にさがったのには胸が痛んだ。2年前に亡くなった夫の31年前の姿を、不意に見せられたのだから無理もない。幸いにも、翌年再会したときには笑顔で迎えてくれた。

このようにして出会った金物商の主人は「ずっとNHKの取材だと思っていた」といいつつ喜んでくれ、1年後には友人4人をともなって民博を訪ねてくれた。30年間、ビデオテークで流れていた映像を本人がみる。やっとそういう双方向な時代がきたのかと感慨深い。印象的だったのは、20代の女性が「あれ何？」と映像のなかの、バザールの店先に大量に吊るされた、綿糸編みの土産物ランプシェードを指さしたことだ。「知らないの？」、「私、生れてないもの」、「そういえば、最近見かけないな」という会

1982年の映像作品《ネパールのタイコ作り》に映る家族を探す。ここではなく、近くに住むおじの家族だと教わる。2013年、カトマンズ。筆者撮影

金物商のマヘシュ・トゥラダールが民博で自分が映る《カトマンドゥのバザール》をみる。2014年、大阪。筆者撮影

話は愉快で、映像がもつ豊かな記録性と喚起力、そしてそれゆえの現地に返す意義が思いおこされる。

　この再取材の過程は《カトマンドゥ盆地の30年》という映像作品にまとめたが、当事者との共有と研究の意義に気づいた寺田教授と私は、藤井名誉教授から許可をもらい、今度は同調査隊の主調査地であったガンダルバ（当時の他称は「ガイネ」）の故地、バトゥレチョールを訪ねることにした。

バトゥレチョール訪問

2016年1月の朝、34年前の映像をもってきたとバトゥレチョールを訪ねると、集落を一通り案内してくれた後、集落内の空き地に人びとが集まり歓迎のサーランギの演奏と歌、踊りが始まった。サーランギを弾くのは、後述するジャラクマンの長男カルナ・バハードゥル・ガエク（1955-2018年）と、ガネシュ・バハードゥル・ガエク（1962-2018年）だ。ふだん物静かな歴戦の井ノ本カメラマンが「これが自然に生まれる音楽だ」と感じ入っている。

　建物の日影に移動し、ビデオテークの短い映像をノートパソコン画面で試写することにした。小さい画面に群がり、食いいるようにみる人びとは、出てくる人の名前を口々にいいあい「これだれ？、いやちがう、静かにして、私の家だ……」と色めき立つ。あまりの興奮状態に、ある女性が「今日の晩ごはん食べるの忘れないでよ、皆さん」とからかうが、だれも反応しない。みんな映像に夢中だ。34年という年月の重みと論文にはない映像のインパクトを思い知る。この貴重な当事者の反応（の映像）は、15分すべてが《ネパール 楽師の村 バトゥレチョールの現在》という映像作品に収録された。

1　東西音楽交流学術調査隊が現地録音した音源は、民博に収蔵されている。
2　茅葺きで石積み土壁の平屋が並び、33世帯だった。1982年、ネパール、バトゥレチョール。撮影：東西音楽交流学術調査隊
3　トタン屋根のレンガ積み、モルタル塗りの家に変わり、55世帯に増えていた。2016年、ネパール、バトゥレチョール。筆者撮影

亡き父の幼い姿を微笑みながらみるビノド・ガエク（後列中央）。2016年、ネパール、バトゥレチョール。筆者撮影

1 歓迎の歌と踊りを披露してくれた。2016年、ネパール、バトゥレチョール。筆者撮影
2 1982年の映像作品で主たる登場人物であった姉妹。2016年、ネパール、バトゥレチョール。筆者撮影

　試写後、だれからともなく集落内で里帰り上映会をしようという話になった。計画停電前に終わるように夕方から、建築途上で壁だけしかない集会所で、音響機器は若者たちが用意し、スクリーンはホテルのシーツで、プロジェクターはポカラ地方博物館から借りてと、たちどころに段取りと役割分担が決まった。南（2018）ではそこまで触れなかったが、上映会は当初から予定していたことではなく予想外の展開だったのである。

里帰り上映会

ポカラ地方博物館の館長などを含む集落の約200人が集まってくれ、1時間の長編作品2本の上映会が始まった。先立たれた子どもの姿にむせび泣く女性、生まれる前の集落の様子に見入る若い世代。壁際では2歳のときに父を亡くし、その記憶がない19歳の若者が、まだ幼い12歳の父がツーリスト相手にサーランギを弾いて歌い、けなげに働く姿をみて微笑んでいる。子をもつ親として、私のほうが涙をこらえることができない。皆がそれぞれの思いで家族の来しかたを振り返える。ポカラ市立音楽トレーニング・センターのサーランギ講師であるダン・バハードゥル・ガエク（1963-2021年）は、映像をみて「私たちの腹のなかの内臓がやっと見えた気がしました。内臓は普通見えないけれど、それがはっきりと見えたように感じました。泣きたいほどでした。それは苦難の涙であり、喜びの涙でもありました」といってくれた。

思えば、この訪問では2度涙腺が緩んだ。もう一度は、ここ出身の国民的歌手ジャラクマン・ガンダルバ（1935–2003年）の代表曲「母が尋ねたら（アマーレ・ソドリン）」をダンが歌ってくれたときだ。息子はどこと母が尋ねたら、数えきれない水場が泣くでしょう、と戦死したことを暗に伝える歌である。ネパールは英国に長くグルカ兵を供出してきた。この歌はネパールの人びとの心の琴線に触れるもので、1965年にジャラクマンがラジオ・ネパールの専属音楽家になりラジオから流れると、彼を一躍有名にした。後日談だが、同行した調査助手の私のネパール人の友人は、泣き顔をみられまいと途中からその場を離れていたという。

形のあるもの

1節で紹介したタメルやカトマンズ盆地内出身のガンダルバとの比較のため、バトゥレチョールの生業の変容にも触れたかったが紙幅が尽きた。詳しくは南（2018）に譲るが、ツーリストとの出会いとともに、ここでは清掃業でポカラ市公務員になる人が増え、現在サーランギで生計をたてるのは1人だけだということは記しておこう。新たに制作した《ネパール 楽師の村 バトゥレチョールの現在》という映像作品は、2018年にカトマンズで開催された「第8回国際民俗音楽映画祭」やポカラの国立山岳博物館などで上映することができ、映画祭では長編部門第2位を受賞した。

　34年という年月は、バトゥレチョールについていえば、当時をよく知る人が存命のぎりぎりのタイミングであった。残念なことにその後、カルナ、ガネシュ、ダンが相次いでこの世を去ったのだ。日本側も同様で、井ノ本カメラマン、藤井名誉教授、寺田名誉教授が惜しくも逝去した。1982年の調査隊が録音してくれていたおかげで、民博ウェブ上で公開しているデータベース「ネパールのサーランギ音楽」では、ジャラクマン、カルナ、ガネシュ、ダンなど多くのガンダルバの1982年の貴重な演奏を聞くことができる。ゴルカ郡出身でタメルで歌ってきたクリシュナ・バハードゥル・ガンダルバ（1958年–）は、ニルグン（形のないもの）という形而上学的なジャンルの歌のなかで「裸で生まれ、裸で死んでいく」と人の本質を歌う。だが、彼らは皆、形のあるものも私たちに残していってくれた。

クリシュナ・バハードゥル・ガンダルバ。56頁の腸弦のサーランギを調弦。2017年、ネパール、ゴルカ郡。筆者撮影

［参考文献］
南真木人 2018「34年後のバトゥレチョールとガンダルバの現在」『季刊民族学』163号、千里文化財団、25-36頁

34年前の映像作品を撮影した集落で上映する。2016年、ネパール、バトゥレチョール。筆者撮影

2 ｜「裸で生まれ、裸で死んでいく」｜南真木人

研究者のまなざし

3

今、なぜ瞽女文化なのか——私たちが見落とし、見捨ててきたもの——広瀬浩二郎

盲人史研究の意義

「私が今、明るい目をもらってこれなかったのは前の世で悪いことをしてきたからなんだ。だから今、どんなに苦しい勤めをしても、次の世では虫になってもいい。明るい目さえもらってこれればそれでいいから、そう思ってつとめ通してきた」。

これは最後の瞽女・小林ハル（1900–2005）の言葉である。僕が小林ハルの存在を知ったのは1990年代、まだ20代のころだった。「目の見えない自分は、日本史研究者として何をなすべきなのか」。当時の僕は試行錯誤しながら、九州地方の地神盲僧のフィールドワーク、文献調査に取り組んでいた。中世の琵琶法師の歴史、それを継承する地神盲僧の活躍に刺激され、僕の障害観は徐々に変化していった。僕の卒業論文の結論は以下のようなものである。前近代の日本社会には「障害」という概念はなく、盲人たちは「別世界」からの来訪者と意識されていた。この「別世界」とは多元的な人間観であり、近代的な差別とは異なる。「近代」を超克するためには、日本の民俗宗教・民間信仰が育んできた「別世界」観念を取り戻さなければならない。

大学院に進学した僕は東北地方の盲巫女（イタコ）にも関心の幅を広げ、青森・岩手・宮城などに足を運んだ。1990年代、日本社会に残存する盲僧・盲巫女の信仰世界に直接触れることができたのは幸運であり、研究者として歩む僕の原動力ともなった。村落共同体のなかで、盲僧・盲巫女たちには一定の役割が割り当てられており、そこから「自分たちにしかできない」職能者としてのやりがいも生まれた。視覚障害者として自信をもって生きるという点において、盲僧・盲巫女たちが僕に勇気を与えてくれたのはまちがいない。

小林ハルと熊谷鉄太郎

盲巫女調査の延長で、僕は新潟県下に残る瞽女の活動にも注目するようになった。瞽女について書かれた論文・書籍を集める過程で出合ったのが桐生清次『次の世は虫になっても——最後の瞽女小林ハル口伝』（柏樹社、1981年）である（本書は2000年に『最後の瞽女——小林ハルの人生』として文芸社から再刊されている）。小林ハルの過酷な生き方に接し、僕は衝撃を受けた。とくに強烈な反発を感じたのが「虫になっても」という語である。盲僧・盲巫女との交流を介して形成された僕の障害観が、まったく通用しない人がいる。小林ハルに会わなければならない、でも会いたくない……。

小林ハルが亡くなったというニュースを聞いたのは2005年である。最終的に、僕は小林ハルに会うことができなかった。彼女との面会によって、

1　小林ハル。撮影：川野楠己、提供：瞽女ミュージアム高田
2　1985年、胎内やすらぎの家にて杉本シズとともに瞽女唄を披露する小林ハル。撮影：川野楠己、提供：瞽女ミュージアム高田

自分の障害観、視覚障害者として生きる意味が根底からひっくり返されることが怖かったのだろう。小林ハルの没後20年近くが経過する現在、僕は彼女に会わなかった、いや会えなかったことを後悔している。そして僭越ながら、もしかすると僕だったら、1990年代以降に発表された多くの小林ハル論とは少しちがう視点で、彼女の実像を描くことができたのではないかという思いもある。「少なくとも僕は虫になんかなりたくないぞ」。国立民族学博物館に着任後、「自分にしかできないこと」を模索する僕にとって、小林ハルはずっと気になる人、厄介な人でありつづけた。

　何かおかしいのではないか。僕は小林ハル（語り）、川野楠己（構成）『最後の瞽女　小林ハル　光を求めた一〇五歳』（日本放送出版協会、2005年）を読んだとき、違和感を抱いた。この本には、小林ハルの「虫になっても」発言に対するコメントが引用されている。小林ハルに戒名をつけた僧侶・安澤浩祥は、次のように述べる。「色も形も知らず虫とは何であるかもわからないハルさんが、『どんな虫にも魂がある』という釈迦の言葉を信じて、欲を捨てた無欲の悟りの世界に未来を託したのであろう」。

　一般に、視覚障害者も聴覚・触覚を通して虫に関する知識・イメージをもっている。また、盲目という状態で長年暮らしてきた人間が「明るい目」を願うことが、ほんとうに「無欲」といえるのだろうか。個人的には、盲人牧師として大正・昭和期に活躍した熊谷鉄太郎（1883-1979）の短歌のほうに「悟り」の境地があるように思える。「得べくんばまためもしいと生まれ来て　見果てぬ夢の後を追いなん」。熊谷は点字を習得し、関西学院に進学、近代盲教育の分野で大きな足跡を残した。彼と同時代を生きた小林ハルには点字を学ぶ機会はなく、瞽女として地を這うような生活、旅と門付けの日々を送った。晴眼者の弟子に対し、小林ハルは述懐する。

1977年に特別養護盲老人ホーム「胎内やすらぎの家」に入所した小林ハルは、「最後の瞽女」として注目されるようになる。元NHKチーフディレクターの川野楠己は晩年のハルを熱心に取材し、CD発行などを通じて瞽女文化の継承に尽力した。現存する小林ハルの写真は、いずれも1977年以降のもので、門付けをしていた現役時代の画像はほとんど残っていない事実は、彼女の人生を象徴している。

「あんた方は、唄の文句を字に書いておくすけ、瞽女唄を覚えられん。後でそれを読めばいいから雑作もないことだと思っているだろう。だから、なかなか覚えられないんだ。一度聞いたら一度で覚えろ。私どもは、これを字に書かないでおいて文句から節まで一緒に覚えていったもんだ。それは容易なことではなかった。自分でも、寝ても起きてもそのことだけを考えて、余計なことを思わないようにしてきたものだった。あんた方は、目が見えるすけ、なおさら覚えられないんだ。書いてあるからいいんだと思って、そのときは早く済むけど、覚えてはいないんだ」。

「かわいそうな小林ハル」というイメージ

熊谷鉄太郎（文字）と小林ハル（無文字）の対比は、さまざまな意味で興味深い。視覚障害者が独力で読み書きできる文字を獲得することで、彼らの職業選択の幅が広がった事実は重要である。一方、文字を使わないことが強みとなって成立・発展したのが琵琶法師・瞽女の芸能だった。小林ハルは「近代」とは無縁な場所で、欲や悟りとは関係なく、瞽女として淡々と生きた。そんな彼女を「最後の瞽女」として美化し、祭りあげたのはだれなのだろうか。

マスコミで紹介される障害者像は、「かわいそう」か「頑張っている」のどちらかである。小林ハルにもこの図式があてはまる。20世紀初頭、小林ハルが旅と門付けを始めたころ、新潟県下では多数の瞽女が活動していた。第二次大戦後、同業者の数が激減する中、小林ハルは1973年の老人ホーム入所まで瞽女を続ける。

1981年に桐生が前述の著作を発表した当時、小林ハルは「かわいそうな」障害者としてとらえられていた。たしかに、彼女は師匠や弟子に恵まれず、常に生活は苦しかった。小林ハルを取りあげた本を読むと、みずから苦労を抱えこむようなエピソードの連続に戸惑う。多くの読者は「宿命」「忍耐」「屈従」などの語を想起するだろう。同じ全盲者である僕は、余計に小林ハルの人生に腹立ち・歯がゆさを感じてしまう。「すべての瞽女が小林ハルのような『かわいそうな』生き方をしたわけではない」「瞽女を小林ハル一人に代表させるのはおかしい」。結局、「最後の瞽女」に会うことができなかった僕は、「かわいそうな小林ハル」像に振り回されていたともいえるのかもしれない。

1980年代以降、徐々に小林ハルは「最後の瞽女」として称賛されるようになっていく。これまで近代化のプロセスで見落とし、見捨てられてきた瞽女が、消滅を目前としたときに、にわかに脚光を浴びる。なんとも世間とは勝手なものである。1978年に国の無形文化財指定を受けた小林ハルは、79年には黄綬褒章を授与される。さらに、90年代にはいってからはテ

レビ、新聞・雑誌の取材を受けるケースも増えた。2001年には三条市の名誉市民となり、02年には吉川英治文化賞も受賞する。こういった晩年の祭りあげの過程で、いつしか小林ハルは「かわいそうだけど、頑張ってきた人」として描かれるようになった。桐生や川野の著作をみても、じつは「かわいそう」と「頑張っている」は表裏一体であることがわかる。

　小林ハルの瞽女唄を収録したCDは《最後の瞽女 小林ハル96歳の絶唱》と名づけられている。また、瞽女文化を顕彰する会が監修したDVDは《映像でつづる小林ハル 渾身の熱唱》である。そもそも、小林ハルの唄とは「絶唱」「熱唱」と評するのが適当なのだろうか。今日、僕たちが聴くことができる小林ハルの唄は、すべて1970年代以後に録音されたものである。寒稽古で鍛えた彼女の声は、70歳を過ぎても衰えず、その迫力は空気を振動させる。ただし、加齢のためか、発音は不明瞭で、三味線伴奏もたどたどしい。小林ハル自身、感情をこめずに淡々と歌うのが瞽女

瞽女唄を披露する小林ハル。提供：胎内やすらぎの家

盲老人ホームの職員とともにくつろぐ小林ハル。
提供：胎内やすらぎの家

唄だと考えており、弟子たちには「芝居声を使うな」と指導していた。彼女の唄には、絶唱・熱唱とは程遠い素朴さが表出されていると感じるのは僕だけではないだろう。

いうまでもなく、小林ハルが世間の注目を集めたのは、他の同業者が次々に死亡し、彼女が「最後の瞽女」になったからである。「最後の瞽女＝最良の瞽女」ではない。現在入手できる瞽女唄の録音資料を聴いてみると、小林ハルよりも唄がうまい、三味線が上手な瞽女が複数いたことに気づく。小林ハルを祭りあげたのは、瞽女たちを見落とし、見捨ててきた世間、健常者たち（マジョリティ）なのである。

萱森直子は『さずきもんたちの唄――最後の弟子が語る瞽女・小林ハル』（左右社、2021年）のなかで、次のような小林ハルの言葉を記述している。「いろんな人が話聞かせてくれろと言うてくるから、俺は話して聞かせる。本書きてえって言えば、苦労話聞きてえんだろと思うて、切なかったことを話して聞かせる。それでも、いっくら話して聞かせたってわかるわけはねえんだ。わかるなんて言うのはうそつきだ」。この発言から推量すると、だれが「小林ハル」の虚像を独り歩きさせたのかは明確だろう。小林ハルを特徴づける表現として「障害を克服」「苦難を乗り越える」などが多用

される。だが、小林ハルには克服すべき「障害」などはなく、あくまでも淡々と日々暮らしていただけだった。

単調で無作為な唄に耳を傾ける

20代のころ、小林ハルの「虫になっても」発言に接し、僕は短絡的に彼女に対する腹立ち・歯がゆさを感じた。でも今は、浅はかな思いこみで小林ハルに会うことを躊躇した自分の未熟さを反省している。問題とすべきなのは「小林ハル」という虚像を拡大させた世間、健常者たちのメンタリティなのではなかろうか。

たしかに、小林ハルが「虫になっても」と述べたのは事実である。しかし、目が見えないことによって不自由・不利益を被る今日の視覚障害者の大半は、おそらく「次の世は明るい目をもって生まれたい」と思っているだろう(この常識を突き抜ける「夢」が看取できる熊谷の短歌は、あらためて再評価したい)。小林ハルは何気なく「次の世では虫になっても……」と呟いたのではないかと推測する。「そりゃあ、目が見えないのはかわいそうだよね」「孤独と悲哀の運命を甘受した瞽女たちは、来世への生まれ変わりを信じ、頑張って生きるしかなかった」。皮肉にも、「虫になっても」発言は健常者たちの常識的な障害観を補完・増幅する役割を担わされることになる。

聞き書きとは、当事者の心境を客観的に描き出す手法として有効である。しかし、聞き書きを構成するに当たって、著者の主観がはいりこんでいることには注意を払うべきだろう。小林ハルからの聞き取り調査を精力的におこなった佐久間惇一は、『瞽女の民俗』(岩崎美術社、1983年)の末尾で、「歴史の流れの中で、瞽女が滅びるのは当然の成り行きである」と述べている。この結論が導き出される背景には、1981年の国際障害者年のスローガン「完全参加と平等」の影響があるのかもしれない。

「近代」と対峙した瞽女たちが滅びていく歴史の「成り行き」を当然視していいのか。「次の世」まで行って、小林ハルにインタビューするのは難しい。今は静かに彼女が残した唄の録音に耳を傾けることしかできない。健常者たちが創出した「絶唱」「熱唱」という枠から、彼女の単調で無作為な唄を解放する。僕は声を大にして言いたい。小林ハルは単なる一人の瞽女であって、それ以上でも、それ以下でもない!

[謝辞]
特別展「吟遊詩人の世界」の瞽女コーナーで展示されている資料の多くは、上越市の瞽女ミュージアム高田から借用したものである。また、瞽女研究の先輩で、長年の友人でもある斎藤弘美氏には資料収集、映画会企画などでご支援いただいた。「サウンド・スケール」の録音データは、「ユニバーサル・ミュージアム研究会」の同志、桑田知明氏の協力により作成した。この場を借りて、みなさんにお礼を申しあげたい。

研究者のまなざし

4

女性バウルとの出会い──岡田恵美

2023年、インド・西ベンガル州やバングラデシュで15名程の修行者を調査した。その多くは男女ペアで修行道場に暮らし、入門後は子をもたない。「子がいると情が湧く。子をもたず、人間は罪深いから皆のために祈るのだ」とバウルは語る。女性は伴侶の修行を支える役割を担い、歌い踊る女性行者は数少ない。ここでは2人の女性バウルを追った。

かずみ まき──バウルになった日本人女性

1991年秋、民博で開催された特別展「大インド展──ヒンドゥー世界の神と人」では、サドン・ボイラッゴ（のちにフォキル・サドン・ダルベシュに改名）が率いるバウルが招聘され公演が行われた。記録映像では手拍子する観客のなかを歌い踊る3名のバウルが印象的で、当時反響があったという。事実、一観客であった日本人女性かずみ まきはバウルになる決意をし、渡印して同師へ入門した。

30年以上を経た2023年1月、西ベンガル州のオジョイ川東岸にあるジョイデブ・ケンドゥリという街で、彼女らを訪ねた。そこは12世紀の叙事詩『ギータ・ゴーヴィンダ』を書いた詩人ジャヤデーヴァ（ベンガル語読みではジョイデブ）の生誕地とされる（諸説あり）。同作品は、ヴィシュヌ神の化身である若きクリシュナと牧女ラーダーの複雑な心象や、甘美で官能的な情景が巧みな比喩や韻律で綴られている。ラーダーのクリシュナへの絶対的な

サドン・ボイラッゴと弟子かずみまき。2023年、インド、ジョイデブ・ケンドゥリ。筆者撮影

1, 2, 3　特別展「大インド展」に招聘されたバウル。1991年、民博。記録映像より抜粋

4　サドン・ボイラッゴの告別の会。2023年、インド、バルドマン。筆者撮影

4｜女性バウルとの出会い｜岡田恵美

ジョイデブ祭の朝。オジョイ川で身体を清めて祈りを捧げる人びと。2023年、インド、ジョイデブ・ケンドゥリ。筆者撮影

楽器を吊り下げたジョイデブ祭の露天。
2023年、インド、ジョイデブ・ケンドゥリ。筆者撮影

ジョイデブ祭で歌い踊るバウル。2023年、インド、ジョイデブ・ケンドゥリ。筆者撮影

信愛と献身は、モネル・マヌシュを追い求めるバウルの生き様とも重なり、バウルの歌の一部にも投影されている。同地では年一度のジョイデブ祭が開催され、街中の修行道場には各地から訪れたバウルが滞在し、夜通しの歌会が繰り広げられていた。大勢の聴衆に囲まれ、師匠の隣で修行の歌を高々と歌いあげる女性バウル、かずみ まきの姿がそこにあった。入門当初は、外国人バウルが公の場で歌うことに対して賛否両論を巻き起こしたというが、今や多数の弟子を抱える存在だ。

それから間もない2023年7月にサドン師が急逝した。9月に彼らの修行道場で開かれた告別の会では、数百人規模で訪れた近隣住民に食事が施され、ベンガル各地から行者が集結してその死をバウルの歌で弔った。師匠の死に直面した彼女は、「死というのは、『私』という身体に付いていたものが、だんだん落ちていって透き通ってくるような、魂がそのまま映し出すような、そんな感じを受けた」と語る。そして行者は言う、「身体は無くなっても、その魂は弟子の心のなかにいる」と。

パルバティ・バウル──「見知らぬ鳥」について語る

パルバティ・バウル。2023年、インド、ボルプル。筆者撮影

世界各地の公演で、人々を魅了するパルバティ・バウル。カースト的には最上位であるインドのバラモンの家庭に生まれ、10代でバウルになる決意をして大学を中退し、二人の師匠のもとで歌を学び鍛錬を積んだ。彼女の圧巻のパフォーマンスは、一絃琴エクタラや片面太鼓ドゥギ、足首に巻いたヌプルで自在にリズムを刻み、伸びやかで力強い歌声を重ねた伝統的なスタイルを踏襲したもので、言語の壁を超えて人びとに共鳴する。

　バウルの歌は人間の魂や身体、生死といった主題が巧みなメタファーを通して紡がれ、理解するのは難解とも言われる。行者は歌詞の意味や修行については口を噤み、多くを語らない。そうした中でパルバティは、バウルの叡智をみずからの言葉で伝え、言語化してきたバウルでもある。彼女はデホトット・ガンとよばれる人間の身体に関する歌から、ラロンがつくった「見知らぬ鳥」を例に語る。これはタゴールの長編小説『ゴーラ』の冒頭にも引用され、身体と内に宿る魂について素朴な言葉で綴った歌だ。「籠」は身体、「見知らぬ鳥」はモネル・マヌシュ、バウルはこの見知らぬ鳥をつかまえることを究極とし、感情や欲望を制御して修行を続ける。だがそれは容易なことではない。

　　籠の中の名も知らぬ鳥
　　どうやって行き来するのか
　　つかまえることができたら、心の枷を
　　その足に、はめることができたのに

　　八つの部屋は、九つの扉で閉じられ
　　あちらこちらに、格子戸がはめられている
　　その上には、大きな母屋がおかれ
　　そこには鏡の部屋がある

　　なんという運命だろう
　　その鳥は、どうしてこのようにふるまうのか
　　籠をこわして、私の鳥は
　　いったい、どこに逃げるというのだろう

　　心よ、おまえは籠をあてにしているが
　　おまえの籠といったら、青竹づくり
　　いつ、するりと抜けてしまうか分からない
　　フォキル・ラロンは、泣きながらそう話す

　　　　　　　　　　　　　　　　（外川昌彦訳）

パルバティは語る。「修行というのは容易には理解できない。でもラロンの歌は平易な言葉で書かれていて、心を射抜く。この最も難しいヨーガを少しだけ覗くことができる。それは行者として、詩人として、大聖者としてのラロンの功績と言える。籠は、ここでは身体のこと。人間の骨格は肋骨のなかに肺が収まっている。息を吸って吐く。この身体という籠のなかに、『未知の鳥』がいると歌う。なぜこの鳥がバウルにとって大事なのかと言うと、どうやって神を、心の人を体験するのか。この体は限られていて、いつも同じではない。体はその性質に応じた反応をする。でもずっと変わらないものがあって、それがあるからこの存在を体験できる。その存在が成り立つのも呼吸のおかげ。息をするからここにいる。血が巡るのも息をしているから、思考も息をしているからできる。息が止まったその瞬間から、私はいない。この存在の体験は終わり、記憶も無くなる。呼吸法の修行はたくさんあって、呼吸の制御をする。息とは何か、息の力とは何か、わからないとできない。だから見知らぬ鳥という。どうやって息が始まり、終わるのか。毎日呼吸しているのに謎のまま。最初と最後の息がどうやって起こるのか、だれも知らない。だから未知の鳥なの。」

版画《The Rain Bird》インド／西ベンガル／2023年収集／Parvaty Baul 作／個人蔵

二人の女性バウルの語りから垣間見えたのは、死と生、そして魂とその器である身体。私たちは欲望やしがらみの中で毎日忙しく生きている。だが死は例外なく誰にでも訪れ、生は儚い。バウルの生き様やその歌に触れると、今この瞬間を生きていること、死後の魂、自身の身体や心の状態、他者との関わりを自ずと省みるようになる。常軌を逸したような存在とされながらもバウルが敬われ、その歌が現代のベンガル人に響く理由はそこにあるのかもしれない。

研究者のまなざし

5 ポトゥアの時代的変化を追って──岡田恵美

2022年4月以降、ノヤ村で3度の調査を実施すると同時に、1988年〜1991年にノヤ村で調査を行なった文化人類学者の金基淑より、村巡りをしていた時代のポト絵や音源資料の提供を受けた。それによって様々な経年変化と、時代に即したノヤ村のポトゥアの柔軟な生存戦略が浮かび上がってきた。ここでは1988年頃の村巡り時代と、現代の蛇の女神モノシャのポト絵を比較してみよう。

日本を含む世界には「蛇」を信仰する文化が多く存在する。毒や知恵をもつ畏敬の対象として、また再生や生命力の象徴として崇拝される。ベンガル地方においても蛇の女神モノシャは、毒から身を守る強力な女神として信仰され、ポト絵に描かれる。

村巡り時代のポト絵と語り歌

みずからが描いたポト絵を携え、近隣のヒンドゥー教徒の村々を巡った時代、絵語りは男性ポトゥアが中心だった。独唱で歌われ、訪れた村々では娯楽だけではなく、ヒンドゥーの宗教観や教訓的な意味を説く伝道者の役割も担った。

蛇の女神モノシャの物語は、「蛇の女神モノシャよ、毒を制する神を讃えよ！／蓮の花の上に誕生した、蛇の女神モノシャ／その寝台も玉座も蛇で／女神の玉座の背後にも蛇がいる」という句で始まり、モノシャがシヴァ神の崇拝者を改心させ、ベンガル地方にモノシャ信仰を定着させたことが語られる。ヒンドゥー教のシヴァ神・ブラフマー神・ヴィシュヌ神にも匹敵するその強さと、その女神をも屈服させるベフラという女性の勇気、夫への愛や献身が物語の中で強調される。

村巡り時代のグルポド・チットロコルによる絵語り。1989年ごろ、インド、ノヤ。撮影：金基淑

蛇の女神モノシャ像／インド／西ベンガル／1990年収集

⑥モノシャに逆らった舅チャンドに対し、ベフラはバナナの幹で作った筏を用意するように頼む。

⑦ベフラが筏で川を下ると、川岸には釣りをする老夫ゴダが、石段には犬たちが群がっている。

⑧川岸の石段の下では神々の洗い物をする洗濯女が。ベフラも一緒になって献身的に洗い物をする。

⑨その後、ブラフマー神、ヴィシュヌ神、シヴァ神へ、夫のロッキンドルが生き返るように懇願する。

⑩神々はベフラの願いを叶え、夫ロッキンドルとその兄6人は生き返り、筏に乗って皆で帰郷する。

⑪舅のチャンドはモノシャを敬わなかったことを改心し、それ以降、モノシャを崇めるようになった。

1

2

3

村巡り時代のドゥクシャム・チットロコルによる絵語り。1989年ごろ、インド、ノヤ。撮影：金基淑

1,2　ノヤ村。1989年ごろ、インド、ノヤ。撮影：金基淑
3　女性のためのポト絵教室。1989年ごろ、インド、ノヤ。撮影：金基淑

第Ⅱ部　　　　　　　　　　　　　　　　　　　　　　　　　　第2章：研究者のまなざし

ポト絵《蛇の女神モノシャ》インド／西ベンガル／1980年代 収集／Shyamsundar Chitrakar作／個人蔵

① 髭を蓄えたチャンド・ベネはシヴァ神を崇拝し、蛇の女神モノシャへの信仰を否定する。

② それに怒ったモノシャはチャンドの息子6人を毒殺する。

③ チャンドに7人目の息子ロッキンドルが誕生。年頃になってサイ・ベネの娘ベフラとの縁談が決まる。

④ ロッキンドルとベフラは結婚する（籠は結婚を意味する象徴）。

⑤ 結婚初夜、ロッキンドルの部屋にモノシャは蛇の姿で現れ、眠っているロッキンドルに咬みつくと、毒がまわって亡くなる。新婚にもかかわらず寡婦となったベフラは悲しみ、夫を生き返らせようと決意する。

村巡り時代の絵語りは男性ポトゥアの独唱が中心だった。1989年ごろ、インド、ノヤ。撮影：金基淑

5｜ポトゥアの時代的変化を追って｜岡田恵美

現在のポト絵と語り歌

1990年代以降、村々を巡ることを止めたノヤ村のポトゥア。現在は女性ポトゥアが増え、絵師と絵語りの分業化や、外部評価によるアーティスト化やそれにともなう経済格差も表出している。ポト絵に関しては、伝統的な主題と社会的な主題の両系統を維持し、制作過程や神々を描く手法に変化がない一方で、画風や彩色はより緻密で鮮やかになり、大きさや構図の変化も顕著である。村を巡っていた時代のコマ数の多い巻物よりも、額装用の小型作品や、国内の賞に出品する大型作品が現在は好んで制作される。その主題も需要の高いものに集中し、失われたレパートリーも少なくない。

絵語りに不可欠な語り歌についても、30年以上前の音源と現在を比較することによって、その変化は明らかだ。金の1988年調査時は男性の独唱が中心で、その歌詞は基本的に8音節と6音節を組み合わせた定型詩になっている。冒頭の一節は「モノシャ・ジャガトゥ・ガリ（8音節）、ジャヤ・

1 ラニ・チットロコルの工房。ポト絵の他に、絵付けした生活雑貨も手掛けて生計を立てる。2023年、インド、ノヤ。筆者撮影
2 ポトゥアの夫婦 チョンドルとプトゥル・チットロコル。2022年、インド、ノヤ。筆者撮影
3 コロナ・パンデミックが収束した直後のノヤ村。壁面にはコロナの脅威と対策が描かれている。2022年、インド、ノヤ。筆者撮影

ビシュハリ（6音節）」（蛇の女神モノシャよ、毒を制する神を讃えよ！）で始まる。旋律はかなりテンポに揺らぎがあるものの、拍節リズムで進行し、基本旋律の前後に装飾的な旋律を自由に加えて展開している。一方、現在の語り歌は、伝統的な主題の定型詩は継承されているものの、歌唱形態は女性の集団歌唱に置き換わった。8音節を独唱、続く6音節を斉唱として交互に分割して表現することから、旋律は固定化し、即興性が失われた。同じ旋律を繰り返して、物語の場面が大きく変わるタイミングで別の旋律に切り替え、独唱者も交代する。そして最後に語り手の名前と住所を名乗って終わる。

　絵語りの場も大きく変化している。近隣の村々でヒンドゥー教徒の村びとを聴衆とした時代から、現在の絵語りはノヤ村で毎年開催されるポト・マヤ祭での観光資源化した場が中心になっている。男性ポトゥアの多くが専業絵師となった一方で、女性ポトゥアによる集団歌唱によって力強い絵語りが復興しているのも、ノヤ村の生存戦略と言えるだろう。

現代の若手女性ポトゥアが描いたポト絵
《蛇の女神モノシャ》インド／西ベンガル／
2023年収集／Laila Chitrakar作

2

3

コラム3 ほんとうの詩人

新井高子

　だれを「詩人」と感じるかはじつに深妙だ。

　スイスのフランス語圏作家、C・F・ラミュの小説『詩人の訪れ』（笠間直穂子訳、幻戯書房、2022年）には、いわゆる書物を出版する詩人は登場しない。折しも収穫祭の頃に籠をしょって湖畔の村を訪ねる柳細工師の行商人を、この小説はそう捉える。

　これは、ブエノスアイレス国際詩祭（2015年）にわたしが参加したときのこと。世界各地の詩の書き手が、入れ替わり立ち替わり朗読する開会式は、拍手の渦。だが、華やかな会場に、ぽつんと、空気の違う人がいた。きちんと洗ってはあるが年季の入った白シャツに、袖や裾が寸足らずの黒っぽい上下を着た、極めて痩身の男。その瞳を輝かせて耳を傾けつつ、頰や鼻すじには濃い闇がある。まるで詩の声を渇望する余り、喰うや喰わずで遠方から歩いて来たような風情なのだ。そのとき、不意に、ほんとうの詩人がここにいるという思いが、わたしの胸に湧いた。

　忘れられない出来事もある。2019年秋のアイオワ大学国際創作プログラムに参加し、自前のドキュメンタリー映画『東北おんばのうた──つなみの浜辺で』（監督：鈴木余位、企画制作：新井高子）を英語字幕付きで試写したところ、モロッコから来た詩人のソーカイナ・ハビバラが、映画に出演した岩手県大船渡市在住の老女、94歳（撮影当時）の三浦不二子を激賞し、「Fujikoは、ほんとうの詩人だ！」と言ったのだ。ある一節を口にしたわけでも書いているわけでもないのだが、たしかに、その人には、周囲を瞬時に魅了する稀有な輝きがあった。いつのまにか「Super Fujiko」という呼び名も生まれ、上映後しばらく、観客たちの間にそれが飛び交ったほど、三浦の語りの豊かさ、声の賑々しさは特別なものだった。

＊

　すると、「ほんとうの詩人」はそれほど難しくないのかもしれない。これらの場面それぞれが、単なる詩の書き手を超えているのはもちろんだが、旅人性や異才性、祝祭性、つまり、吟遊詩人的な何かを抱えた存在であることで繋がり合っている。折口信夫の語句を借りて、まれびとと言ってもいいのだが、学校の教科書で作品をどんなに習おうと、書店の棚にどれほど詩集が並ぼうと、そういう場所にその類いの人は大抵いない。だれに教わったわけでもないのに、みんなが、しかも国境をやすやす越えるみんなが、無意識であれ、そのことを知っている。そして、ひとたび出会えば、「この人こそ、そうだ」としっかり嗅ぎ付ける嗅覚を持っている。

吟遊詩人ははじまりの詩人で、その源流はめっぽう深いのだと思う。わたしが編集する詩と批評の雑誌『ミて』(ミて・プレス発行)の仲間でトルコ近現代詩の翻訳家、イナン・オネルは、時にこちらがしょんぼりしていると、「詩は人間の誇りじゃないか。詩がなくなれば、人類は滅びる」と、とてつもない励ましをくれる。二本足で立つのと同時に、人類の自尊心がまず口ずさんだのを詩だと思わないのか……。そんな示唆がここにはあろうが、このような圧倒的な根深さ、文字や国が立ち上がる前の遥か彼方の源をおもんぱかるとき、それを担った存在こそ吟遊詩人だろう。わたしたちが嗅ぎ分ける鼻を持つのは、むしろ本能的と言っていいのかもしれないが、「ほんとうのこと」を思い付き、口から放つのは、いかなる場所でも時代でも「王さまは裸だ」と叫ぶのと同じ破壊力があるから、すべからく蔑視や冷遇も被って……。

*

　映画『東北おんばのうた』を収録するなかで、海はどんなものかと筆者に尋ねられた三浦不二子は、「ほら、すぐ前が海<ruby>前<rt>まい</rt></ruby>が<ruby>海<rt>うみ</rt></ruby>だったもの」とその方角を快活に指差した上で、津波をどう思うかの問いに、一言、「いいの!」。人生で三度の津波を経験し、その度ごとに実家が流されたが、「いいの!」と言い放つ。そして、ひと呼吸置いたあと、「<ruby>津波<rt>つなみ</rt></ruby>ァ<ruby>来<rt>き</rt></ruby>でも、<ruby>海<rt>うみ</rt></ruby>ァ<ruby>離<rt>はな</rt></ruby>れられない」。さらに、1933年(昭和8)の昭和三陸津波で同様に住まいを失った友人の方を向き、互いに子どもだった当時を振り返って、またひと呼吸置き、「いい<ruby>勉強<rt>べんぎょー</rt></ruby>しだなぁ」と呟く。

　巨大防潮堤の建設業者や当局が聞いたら腰を抜かすかもしれないが、漁師の父を持ち、豊饒な海の恵みで育ったこの老婆は、たしかに三陸海岸の知恵のかたまり。「詩人」なのだ。それに比したら虫けらのごとき人間にとって、大いなる海の振る舞いの一つとしてある津波は、悲劇をゆうに超越し、その力動をからだで知る「いい勉強」。だれも言わなかったことを言う。

　文字でないからこそ、口にした途端に消える声だからこそ、それは発することのできる詩だったかもしれない。「ほんとうの詩人」が真実を射る鋭さは、すぐに消えるなかでこそ冴え、聞いた者の心底に末永く残るのだろう。

3

韻と抑揚、イメージの深淵

吟遊詩人は、詩を歌い語り、特定のメッセージを伝達するだけではない。韻、すなわち同一、あるいは類似した音を、歌詞の特定の場に繰り返し使い、抑揚を生みだす。さらには修辞的なトリックによって、聴き手のなかにある特定のイメージを喚起させていく。これらは、吟遊詩人の歌や語りを成立させる極めて重要な要素なのである。

169　**1　韻踏みのテクノロジー**
　　　島村一平

175　**2　蠟と金、イメージのアーカイブ**
　　　川瀬慈

179　**3　詩作体験コーナー**
　　　「あなたも吟遊詩人」について
　　　矢野原佑史

1

韻踏みのテクノロジー──島村一平

韻と抑揚、イメージの深淵

はじめに

吟遊詩人やシャーマンたちの歌い語りは、韻を踏みながら歌われることが多い。そもそも韻は、美しくリズミカルな音がつくりだすためのものだけでなく、暗記をするための技術でもあった。日に渡って語り部たちは草原で物語を弾き語る。英文学者のウォルター・J・オングによると、文字に頼らない声の文化においては、「知っている」ということは「思い出せること」であった。思考も長く続くときは、反復や対句、決まり文句や頭韻・母音韻を踏むことでリズミカルかつ記憶しやすくする。それがゆえに口に出しやすくもなるのである。

ただし韻踏みが素晴らしいのは、単なる記憶術に留まらないところ、すなわちまったく新しい物語や表現を生み出すテクノロジーであるという点だ。韻踏みは、まさに何かが憑依したかのように言葉をつむぎだしていくクリエイティブな営為なのである。そのような韻踏みのテクノロジーは、現在、ヒップホップのラッパーたちにも継承されている。

ここでは、そんな韻踏みのテクノロジーを簡単に紹介していきたい。

韻踏みの理論

ヒップホップのライム（韻踏み）を分析したアメリカの英文学者ブラッドレーによると、ライムとは「音の一致（concordance of sound）」である。聞き手は、心のなかで音の流れを予測するようになると、音のパターンが見極められるようになる。この音のパターンは言葉をつなげることで生み出されるのだが、直感的に関連性と差異を認識できるものだ。

一般的なライムは、エンドライム（脚韻）だが、小節の最後の拍子に配置することで詩の行の終わりを示す目的がある。また第二の目的として、音を認識できるユニットに分けることでリズムを生み出すことも挙げられる。

日本では、そもそも韻を踏む習慣がなかったので、1980年代の日本語ラップは、五七五調という伝統的なリズムでラップをしていた。しかしこの五七五からの脱却が日本語ラップを進化させていく上で課題となった。つまり日本ではいかに垢抜けるか／伝統から脱却するかがテーマだったともいえる。

日本語で韻が踏みづらい理由として、ラッパーとしても活動する作家の細川貴英は、発音上の問題と文法上の問題を挙げる。前者は英語の me/sea に比べて日本語のわたし／うみでわかる通り「母音が含む情報量が、日本語は圧倒的に少ない」というものである。つまり、日本語は子音と母音がセットで拍を構成するので、高速でリズム感あふれる凝ったフロー（抑揚）がつくりづらいのである。

後者の文法上の理由については、「食べる」「歩く」など動詞が画一的に

「ウ」の音で終わり、なおかつそんな動詞が必ず文末にくるという「最悪のパターン」なのだと説明している。

音節と子音の重なり

アメリカの文学研究者パット・パッティソンのライム理論によると、ライムを考える上でまず重要なのは音節（シラブル）である。日本語の場合、単純な子音＋母音（「か」ならばk＋aか、母音のみで音節が構成されるパターンがほとんどである。英語の場合、音節は、母音と子音から成るのだが、その組み合わせがかなり多様である。母音(vowel)をV、子音(consonant)をCとして記述すると、以下のように最大で子音が三連続する。

1. VC（母音が冒頭に配置され、子音がひとつ後続するパターン）
　　例）an on in
2. CV（子音が冒頭に配置され、母音が後続するパターン）
　　例）bee go through
3. CVC（子音が冒頭に配置され、母音が後続し、最期に再度子音が配置されるパターン）
　　例）cat big love
4. CVCC（子音が冒頭に配置され、母音が後続し、最期に子音がふたつ配置されるパターン）
　　例）land cast gift
5. CCCVC（子音が冒頭に3つ配置され、母音が後続し、最期に子音が配置されるパターン）
　　例）strong

ラップが盛んなモンゴル語の場合、英語と同じ子音が三連続することもある。しかし言語学者の山越康弘によると、子音連続に関してモンゴル語が英語と大きくちがうのは、英語は音節頭（とくに語頭）で子音連続があるのに対して、モンゴル語の子音連続は音節末にあるという点なのだという。

たとえば「やっちゃった！」という表現で考えてみよう。もちろん、これは日本のラッパー般若の有名なフレーズだ。これに相当するモンゴル語はaldchikhsan！である。ところが口語では末尾の母音が短くなる。すると実際は、なんと子音四連続（VCCCC）のaldtsn（アルドツン、tsは一子音）となってしまう。ここで重要なのは、動詞の変化語尾、すなわち文末が子音クラスタになっているという点だ。

日本語は子音を重ねづらいが、ラッパーたちが生み出した技術として促音つまり小さい「っ」を多用するという方法がある。ラップというものを日

モンゴルのラッパーBIG GEE。
2019年、モンゴル、ウランバートル市。筆者撮影

レコーディング中のモンゴルのラッパー DESANT（デサント）。2019年、モンゴル、ウランバートル市。筆者撮影

本で有名にした曲に Dragon Ash の「Grateful Days」(1999年) がある。ラッパーの Zeebra による「俺は東京生まれ、ヒップホップ育ち　悪そうな奴はみんな友だち」というバース（節）で知られるあの曲だ。この曲で大事なのは、「育ち」と「友だち」を踏んだライム部分ではない。このラップを際立たせているのは「渋谷　六本木　そう思春期も早々に」に続く「これにぞっこんに　かばんなら置きっぱなしてきた高校に」というバースである。Zeebra はこれを以下のように「っ」を入れてラップしているように聞こえる。促音がわかるようにあえて平かなで表記してみよう。

これにぞっこんに　かばんならっ　おきっぱなしてきった　こっこうに

どうだろう。促音を使用することで、子音が重なり、かなりパーカッシブな日本語ラップが生み出されていることに気づくはずだ。ちなみに最近の日本語ラップは、母音を短く発音することでほぼ子音連続を実現するという非常に高度な技術を生みだしている。

韻踏みのパターン

さてパッティソンによると、ライムというものが安定度の高い順に以下の5つのパターンに分類できるのだという。

1. パーフェクト・ライム　　　例）lead/weed
2. ファミリー・ライム　　　　例）lead/beep
3. アディティヴ・ライム／サブトラクティヴ・ライム　　　例）lead/knee
4. アソナンス・ライム　　　例）lead/scene
5. コンソナンス・ライム　　　例）lead/food

パーフェクト・ライムは fat/cat や beat/cheat のように冒頭の子音以外が「すべて同じ」のライムである。いわゆる「完全韻」である。

　次のファミリー・ライムは、一音節をなす CVC のうち、母音のみが同じだが、語末の子音が「子音ファミリー」すなわち同系統の子音であるパターンである。子音は、破裂音（b,d,g/p,t,k）、摩擦音（v,TH,z,zh,j/f,th,s,sh,ch）、鼻音（n,m）の三系統に分けられる。これがファミリーだ。斜線を隔てて前半が有声音、後半が無声音であるが、同じファミリーであることに変わらない。ファミリー・ライムの例として、fead と beat や vine と rhyme が挙げられる。まんなかの波線部の母音は同じ音で韻をふんでいる。しかし語尾の d と t は、前者が有声音、後者が無声音というちがいがあるが、どちらも破裂音である。語末の母音が同じではないが、同じファミリーの破裂音にすることで韻を踏むのがファミリー・ライムである。

　3 のアディティヴ・ライム／サブトラクティヴ・ライムは、足し算と引き算のライムといってもいいだろう。アディティヴ（additive）は加法、サブトラクティヴ（subtractive）は減法という意味である。アディティヴ・ライムの例を出すと、free と speed という韻をふんだとする。free と spee だとパーフェクトなライムになるが、この例は spee に d という「追加の c」すなわち子音を足し算することでつくったライムである。

　サブトラクティヴ・ライムは逆に子音を引き算するライムである。たとえば dance と ass、Fast と class のように前者に比べて後者は、子音がひとつ少ないが、韻は踏めているようなパターンだ。

　4 のアソナンス・ライムは、母音を一致させる押韻の技法である。パッティソンの定義では、dive/ride や doom/booth のように初めの子音と後続の子音は異なるが、母音だけが一致するライムのことである。ただしファミリー・ライムにもなっていない点、つまり最後の子音が同系統の子音でないのがアソナンスの特徴である。

　5 のコンソナンス・ライムは、lose/eyes や push/dish のように音節内の母音は異なるが、最後の子音が一致しているパターンのライムである。いわゆる前出のエドワーズが「言葉を曲げる」といったのは、このライムである。

　そのほか、パッティソンは、通常のライムより微細な音の構造をコントロールする方法として部分的ライム（partial rhyme）などを挙げている。部分的ライムは moving/you や striking/night のように単語の一部分がライム

となっているパターンである。

　また音のつながりによるラップの方法論としてインターナル・ライム（internal rhyme）アソナンス、頭韻（alliteration）ヴォイス・リーディング（運声法）と韻律（prosody）を挙げている。インターナル・ライムとは、以下の文のように一行の内部に韻を入れてリズムを整えるパターンだ。

It at last grew so <u>small</u> he knew nothing at <u>all</u>.

ヴォイス・リーディングや韻律は英語ならではのテクニックがあるが、ここでは以下の音の繰り返しだけを紹介しておこう。ここでは、太線で頭韻を踏んでいるだけでなく、二重線部分がすべてd終わりで繰り返すことでリズム感が出されている。

<u>B</u>egin an<u>d</u> en<u>d</u>, an<u>d</u> then again <u>b</u>egin

韻の憑依性

韻踏みは、単なる記憶術に留まらない。まったく新しい物語や表現を生み出すテクノロジーでもある。とりわけ頭韻は、韻を踏んでいるうちに意識せずとも、自然と言葉が生み出されていく。これは、モンゴルや中央アジアの吟遊詩人の語りやシャーマンの精霊憑依と、ヒップホップにおけるフリースタイル・ラップに共通する身体技法である。

　モンゴルのシャーマンたちは、「精霊とは姿形のあるものではなく言葉なのだ」と語る。彼らは精霊をよぶために、頭韻を踏んで召喚歌を唱えているうちに、自分でわかっているようでいて、知らないうちに言葉が出てくる。そのとき、自分の意識はあるが、儀礼が終わった後はよく覚えていないのだという。ここからわかるのは、精霊の憑依とは、自分が意識して語れる言語とは異なる、意識的に操作できない言語を自動的に語らしめるテクノロジーだということである。

　一方、ヒップホップのラッパーたちも言語に関係なくフリースタイルについて似たような経験を語る。たとえば、日本のラッパー漢 a.k.a Gami もフリースタイルのラップをするとき精神を集中していくと「神が降りてくる」瞬間があるのだという。

俺の場合も集中が高まると「神が降りてくる」瞬間というのがあって、そのときは頭のなかでイメージしたラップがパパパパパッと完璧に口から出てくる。さらに集中が高まると、一種のゾーンに入って頭のなかが完全に無の状態なのにバンバン韻を踏んでうねるようなグルーブが生まれていく場合

もある。(『ヒップホップ・ドリーム』)

人は日常生活において意味を考えながら、発話する。仮にこれを「意味中心主義的な発話」とよぶならば、韻踏みの発話は、音を揃えることに意識を集中するので、「音声中心主義の発話」ということになるだろう。とりわけシャーマンに憑依した精霊の語りやフリースタイル・ラップでは、韻を踏むがゆえに発話の意味が壊れることも少なくない。その一方で、普段の発話では想像もできないような言葉のつながり(コロケーション)や新しい表現が生み出されていく。つまり韻踏みは、まさに何かが憑依したかのように言葉をつむぎだしていくクリエイティブな営為なのである。私はこうした韻のもつ性質を「韻の憑依性」と呼んでいる。

［参考文献］
－ オング, W. J.(著)、桜井直文、林正寛、糟谷啓介(訳) 1991(1982)『声の文化と文字の文化』藤原書店
－ 漢 a.k.a. Gami 2015『ヒップホップ・ドリーム』河出書房新社
－ 島村一平 2021『ヒップホップ・モンゴリア──韻がつむぐ人類学』青土社
－ 細川貴英 2015『声に出して踏みたい韻──ヒット曲に隠された知られざる魅力』オーム社
－ Bradley, Adam 2017[2009] *Book of Rhymes: the Poetics of Hip Hop (revised and updated)*. Basic Civitas.
－ Pattison, Pat 2014 *Pat Pattison's Songwriting: Essential Guide to Rhyming: A Step-by-step Guide to Better Rhyming for Poets and Lyricists*. Barklee Printing Publication.

韻と抑揚、イメージの深淵

2

蠟と金、イメージのアーカイブ──川瀬慈

アズマリの歌には、セマナワルク(「蠟と金」の意)とよばれる、特殊な歌の世界がある。「蠟と金」は、演奏機会がどのような場であれ、演奏を始める際に男性アズマリの独唱によって歌われる。曲に一定の拍子はなく、いわゆる語りに近い。数行で意味内容が完結する短い詩が連なっていくのであるが、愉快な道化師であるアズマリも、この歌を歌うときだけは、何か雰囲気がちがう。遠方をみつめ、ことばを噛みしめながら、みずからにじっくり言い聞かせるかの如く歌いあげていく。まず、集団の起源伝承が歌われる。そこでは、死の床にあった聖母マリアの苦しみをやわらげるために神によって天使が遣わされ、マシンコを弾き語ったという話が歌われる。アズマリによれば、この天使、エズラは集団の始祖であるということだ。聴き手は歌詞の表面の情報を受けとめるだけではいけない。注意深く歌詞に耳を傾け、言葉の奥に広がる、イメージの世界にダイブし、そこへ深く潜っていくことが求められる。

「蠟」は歌詞上で字義通りに理解される特定の単語や節、ひとまとまりの段落を意味する。一方「金」は、蠟が徐々に溶けることによって現れでる詩の深淵、イメージの世界を指す。蠟と金の歌詞の大半には、人の生死にかかわる諦観、あるいは無常観とでもよべるような内容が埋めこまれている。しかしそれは、あくまでも"埋めこまれている"のであって、あからさまに、「人はだれでも死ぬんだよ」「死を免れることはだれにも不可能なんだよ」と諭すようなトーン、あるいは教訓を伝えるような態度で歌われるわけではない。歌い手は、特定の歌いまわしによって、免れえぬ運命としての死についてのイメージを聴き手に対して喚起させるのである。このイメージについては「死をめぐる意識」、とでも描写するのがひょっとすると適切かもしれない。以下、筆者がゴンダール、およびアディスアベバにおいて記録・収集した、死生観に関する代表的な蠟と金を紹介する。

የዘሬ ዘመን ገበሬ

近頃の農民たちは

ምድር አያዉቀም አስኬ ዛሬ

農地に関してなにも知らない

ጭንጫ ነዉ ብለህ አተለፈዉ

ここは砂利混じりの土だと言って 通り過ぎてはいけない

አረሰዉ አፈር ነዉ

耕せ! ここは 土であるから

ここでは、四行目の「耕せ！」に、蠟と金が宿る。命令文 አረሰው アラソウ「耕せ」を አረ アラ（感嘆詞：え！あれ！）と、ሰው ソウ（名詞：人）に分ける。すると、「あれ！ 人は 土である」、「人は（いずれは）土になっていく」というイメージが生起する。

ＹＥＬＪＧＲＥＤ ＡＷＴＮＡ
የልጃገረጇ አውታታ

少女がさまよい歩き

ከአውራ መንገድ ላይ ተኛተ

道のまんなかで寝てしまった

ተነሽ ቢሏት ም'ነው

だれも彼女に立ち上がりなさいと言わない

ይህ ሁሉ አለም አፈር ነው

彼女は何も恥じることはない

ここでは、四行目の「恥じることはない」に、蠟と金が宿る。彼女が「道のまんなかで寝ていても恥じない」አለም አፈርという蠟はみるみる溶け、金、すなわち、「この世界አለምはすべて、土አፈርに還る/消え去る」というイメージが湧き上がるのである。

መልካም አገር ነው ጎንደር

ゴンダールは祝福された場所

ቤተክስይን ስሞ ለማደር

人びとは教会の活動に日々を費やす

አይቀርም እና ዳኝነት

裁きは避けることができない

ከተማሰው መግባት

町の人がはいってくる

この場合、一見すると、詩の全体の内容に統一感がなく意味がわかりにくい。しかしながら、四行目の ከተማ /カテマ、ሰው /ソウ（ከተማ 形容詞：町の、都会の、ሰው 名詞：人）を、ከተማሰው /カテマソウとつなぐと「死者を葬る/土のなかに埋める」という意味の動詞になるのだ。すると、三行目の「裁き

は避けることができない」に対応する。したがって「（人が）土のなかにはいれば（死ねば）、（神の）裁きを避けることができない」という死後の世界に対する観念がたちまち、じわりとうかびあがってくるのだ。

　以下はこれまでの事例とは異なり、詩のまとまり全体が象徴する内容を読みとる事例である。

　　ወልዱን አግዚአብሔር ሸማኔነህ አሉ
　　神様は機織職人

　　ያንተ ሸማኔነት ምኑ ይነቀፋል
　　しかしながら 神様の機織りは下手である

　　በጒላ እየሰራህ የሜተኛው ያልቃል
　　前方で織ってゆくにつれ 手前でほどけていく

これは歌詞全体が蠟ともいえる。機織りを「神による人の創造」に喩えている。神はどんどん人を創り出していく（織りあげていく）が、同時に、以前創られた人びとはどんどん亡くなっていく（ほどけていく）。人に必ず死ぬ運命を与える、神に対する諷刺とも受けとることができる。また同時に、神によって死という定めを与えられることへの諦観とも受けとることができる。なかなか味わい深い詩ではないだろうか。

　以下も詩のまとまり全体が象徴する内容を読みとる事例である。

　　ያአባቶቻችን ውሃ ዋና
　　我々の父たちが泳ぐときは

　　ላይ በላይ ነበረ በመላ
　　水面上を泳いだ

　　የዛሬ ልጆች ይበልጣሉ
　　今日の子どもたちは父の世代より優っている

　　ውስጥ ውስጡን ይሄዳሉ
　　内側 内側 を泳いでいく

内側 ውስጥ／ウストゥは「秘密を隠す」、あるいは「知識深さ」を想起させる。よって、「いまどきの子らは 物事を隠して打ち明けない」と受けとれる。もしくは「いまどきの子のほうがむかしの人よりも賢い」とも。

教会（エチオピア正教）の早朝の礼拝。2015年、エチオピア、ゴンダール。筆者撮影

　「金」が包含するイメージは抽象的で、多義的にも解釈可能だ。聴き手は、蠟と金を含む歌を聴きながら、だれもが免れえない運命、死について思いをはせる。歌い手や、聴き手のなかには、神への畏敬の念がこみあげて、涙を流す者もいる。聴き手は蠟、すなわち歌の外側に現れでているもののみに固執してはいけない。金は、一元的で、固定的な答えや、論理的で、首尾一貫したメッセージではない。聴き手は、広大なイメージの海を、みずからの想像力を頼りに、深く潜行していくのである。

　「金」のパートは、変化を続けるイメージのアーカイブであると捉えることができる。アズマリはそのアーカイブの番人であると同時にコンダクターでもあるといえるのではないだろうか。

本稿は主に以下の著作を一部改変してもちいた。
- 川瀬慈 2023「イメージの吟遊詩人」藤田瑞穂、川瀬慈、村津蘭（編）『拡張するイメージ——人類学とアートの境界なき探究』亜紀書房
- 川瀬慈 2020『エチオピア高原の吟遊詩人——うたに生きる者たち』音楽之友社

3

韻と抑揚、イメージの深淵

詩作体験コーナー「あなたも吟遊詩人」について─矢野原佑史

2023年12月、私は、今回の特別展のキックオフ・ミーティングに参席していた。その場で、「来場者が吟遊詩人の世界観を閲覧・体感し、存分に刺激を受けた後、彼らのなかに生まれるであろう詩性やクリエイティビティーをアウトプットする場所をどこかに用意すべきではないか」と考えた。本展示で紹介される世界各地の吟遊詩人たちが魅せる世界は、途方も無い労力と時間と経験を経た猛者たちだからこそ表現できる境地であることに疑いの余地はない。しかし、その世界の片鱗に触れた来場者たちのなかにも、眠っていた詩性をよび起こされる者たちがきっと現れるだろう──つまり本展示が「未来の吟遊詩人を生む場」となる可能性を孕んでいるのではないかと感じたのだ。

また、韻律をともなう詩や歌は、それ自体が言葉遊び／音遊びの要素も含んでいるのだから、「遊びの天才」である幼い子どもたちが大人をアッと言わせるような詩を生む可能性だって多いにある。そうして生まれたのが、本コーナー「あなたも吟遊詩人」という来場者のための詩作体験スペースである。その際、みず知らずの来場者同士の心が、コール・アンド・レスポンス（応答、共鳴）する仕組みを提供しようとも考えた。

私はあれやこれやと思いを巡らすうち、現在、世界じゅうで流行中の「ラップ」と日本に古来からある「連歌」という詩歌様式を掛け合わせた、来場者参加型の詩作ゲームを考案することにした。ラップの実践形態のひとつには、街角でラッパーたちが円となり、フリースタイル（即興）でラップの技術／メッセージ／ユーモア／音楽性を競い合う（そして高め合う）サイファーというものがある。サイファーにおいては、8小節、16小節などを区切りとして、同じリズムがループする音楽の上にフリースタイル・ラップ（即興詩）を乗せて繋いでゆく。そのループの最小単位である「2小節」、つまり「2行」からなる詩を来場者に書き残してもらい、それらを繋げた「フリースタイル2行詩連歌」を編成してみようではないか。

あなた自身が吟遊詩人となる番

さて、本コーナーの具体的な構成は以下のようになっている。

まず、来場者が本コーナーにて目にする解説パネルには、以下の言葉が記されている。

このパネルを読んでいるあなたは、ここへたどりつくまでに多種多様な吟遊詩人の世界を探索し、さまざまな刺激やインスピレーションを受けてきたことだろう。吟遊詩人たちが卓越した技術をもってしてあそぶ、その世界へ、あなたの心はすでに一歩踏み入れているのだ！ そして、このコーナーでは、ついにあなた自身が吟遊詩人となる番。さ

あ、そこに用意されたテーブルへと向かい、あなたの心に生まれる詩を書き残していってほしい。

次に、本コーナーには4つのテーブルが設けられている。各テーブルには、2行詩記入用カードとペンが置かれている。テーブルの天板には、「フリースタイル2行詩」のルールと、いくつもの作品例が転写されている。ルールといっても、「ふたつの行が同じ脚韻を踏んでいること」と「本名ではなく、雅号／ペンネーム／ラッパー・ネームをもちいること」以外に大したルールは設けていない。

「脚韻を踏むということ」について簡単に説明しておくと、要は「各行最後の数文字の母音を揃える」ということである。たとえば、だれかはこう書くかもしれない。

"訪れてみた、心の世界を旅する吟遊詩人展（gin-yu-si-jin-ten）"
"あなたの心も歌い出すよ、きっと、自由意志で（ji-yu-i-shi-de）"

また、ある人はこう書くかもしれない。

"普段のわたしは何も決められない、自分自身で（ji-bun-ji-shin-de）"

2行詩記入用カード（展示場に設置されるものとは異なる場合があります）

"でも韻律に導かれて、できちゃった、詩が。まるで神通力で(jin-tsu-ri-ki-de)"

以上の句は、どの行も、最後に「い・う・い・い・え(i-u-i-i-e)」という韻を踏んでいる。それらがひとつの詩としてつながると以下のようになる。

"訪れてみた　心の世界を旅する吟遊詩人展
あなたの心も歌い出すよ　きっと　自由意志で
普段のわたしは何も決められない　自分自身で
でも韻律に導かれて　できたんだ　詩が　まるで神通力で"

テーブルの天板には、もっと簡単な事例も大きめに記してあり、子どもでも参加しやすいように留意した。たとえば、以下のようなものである。

"エチオピアのお琴、でっかかった！（ka-ka-tta）"
"お腹すいたけど、もっと見たかった…（ta-ka-tta）"

そこにいた同伴者はこう返すかもしれない。

"外に出ましょう、一旦じゃあ（tan-ja-a）"
"さっきのカレーパン　まだあったかな（ta-ka-na）"

以上の2句をつなげると、ある親子の何とはなくとも幸せな日常の一場面が垣間みえるかのような詩のできあがりである。

"エチオピアのお琴　でっかかった
お腹すいたけど　もっと見たかった
外に出ましょう　一旦じゃあ
さっきのカレーパン　まだあったかな"

また、2行では物足りない来場者は、2行詩カードを数枚連ねて「4行詩、8行詩、12行詩、16行詩……」と長めの詩を一人で編むことも可能だ。
　そして会場内には投稿用ポストが置かれている。ここに投稿された即興詩のなかでとくに面白いものは、展示担当者やことばの表現者たちによる短い批評とともに、特別展と連動したSNSで紹介される仕組みとなっている。その際、公表される名前は、記入された雅号／ペンネームであるが、ただプライバシーを保護するためだけにそうしたのではない。志人氏はこう説明する。

「私は、いまでは本名よりも『志人』とよばれることのほうが多くなっています。気づけば、その名前が私の人生の大部分を表すようにもなってきているのです。ですので、来場者には、自分の詩人名／雅号を考える過程まで含めて楽しんでほしいと思っています。いつか、この『あなたも吟遊詩人コーナー』にて生を受けた詩人とその名前が広く世に知られるようになる可能性も十分にあるのですから」。

来場者には、本コーナーで、存分に「普段の自分」の殻から抜け出てほしい。そして、平易な言葉をもって、だれかの世界観を揺り動かしてほしい。

変わらない「うた」の本質

最後に、日本語の「うた」という言葉の意味についても触れておきたい。一説には、「歌」という文字は、「神に向かって実現してほしいことを訴える」という意味から成り立っていると言われる。現代日本でも、この文化が根強く残っているところは多くあり、神社であげる祝詞などはその顕著な例であろう。現代日本を生きる若者たちの場合、「神様へ訴えるために歌うんだ」という意識をもつ者は少ないであろうが、「心に仕舞っておくにはもったいない／仕舞うに仕舞い切れない思いや感情を、歌やラップに乗せて他者へ伝える／訴える」という意味では、「うた」の本質は変わっていないのかもしれない。この詩作体験コーナーを通じて、これまで聞くことのできなかった人びとの「うた」が響き合うことを願う。

［謝辞］
この体験コーナーの具体的な構想・企画は、展示場1階の「うたが生まれる心の小道」セクションでフォーカスを当てた吟遊詩人／アーティストの志人氏、空間デザイナーの上まりこ氏、音響エンジニアのKND氏、館外広報担当の寺田愛氏、みんぱく企画課展示企画係の皆様とのミーティングを重ねた末に練り上げられたものである。また、別の場では、現代美術作家のやなぎみわ氏にも連歌の魅力についてご教示いただいた。この場をかりて厚く感謝を申しあげたい。

思いっきり
笑い合った後の
秋時雨
a-ki-shi-gu-re
ビニル傘の中
君の振る手が
寂しくて
sa-bi-shi-ku-te

新鮮な今日が　成長の証明だ
sho-mei-da
いつも見飽きた光景が
ko-kei-ga

みんなでワイワイ
スケートリンク
su-ke-to-ri-n-ku
君より滑ける
年の暮れの神父
ku-re-no-shi-n-pu

寝そべって
見上げる空が
歌うフレーズが
心の中でこだま

春のセーター
いらなくなったな
na-ta-na
汗かく季節の準備
待ったなし
ma-ta-na-(shi)

さんまが
美味しい日だね
oi-shi-hi-da-ne
一緒にいよう
遠い日まで
to-i-hi-ma-de

枯葉に巻かれた
名無しのミノムシ
na-na-shi-no-mi-no-mu-shi

広げた羽が教える
話の糸口
ha-na-shi-no-i-to-gu-chi

パセリ混ざったサラダ
(maza)-tta-sa-ra-da
食べながら思う
あの人は遥かかなた
(haru)-ka-ka-na-ta

すくなくなったな
na-tta-(na)
赤とんぼ
a-ka-to-n-bo
やっぱり見たいよ
ya-ppa-(ri)
またどんどん
ma-ta-do-n-do(-n)

言い合える日々が続けば
ずっと最高
zu-to-sa-i-ko
また明日ね　おやすみ
グッドナイト gu-do-na-i-to

自分の
脳内のトーク
no-nai-no-to-o-ku
それより信じられる
心の奥
ko-ko-ro-no-o-ku

起きてみたら
あたり一面　冬景色
fu-yu-ge-(s)-k
猫と一緒に
こたつへ来る ねずみ
ku-ru-ne-(z)-mi

集まった目的は確か　海亀
U-MI-GA-ME
忘れるぐらいに綺麗な月だね
TSU-KI-DA-NE

遊び疲れて
ひるねのタイム
ta-i-mu-no-hi-ru
ぽろりと夢こぼれ
ha-na-zu-bo-n

「あそこのお店まで
歩いたらアイスクリーム」
ai-s-k-ri-m
急に元気に　I scream
ai-s-k-ri-m

目を閉じれば
me-o-to-ji-re-ba
聴こえるあの歌
レドソミレファ
re-do-so-mi-re-fa

フリースタイル2行詩の作品例。すべて筆者作成

コラム **4**

現代の批判者、吟遊詩人たちよ蘇れ！

今福龍太

　現代社会の批判的知性が、人間文化が民衆的基盤のなかで保持してきた諷刺や諧謔の精神を忘れかけていることを憂慮してきた。厳格で生真面目でアカデミックな知性だけでは、政治的な対抗的批判は可能であっても、あらたな地平へと突き抜けてゆくような創造的批判は難しい。しかもそれが書斎や研究室のような所からいくら発せられても、人々が生きる生活の場に働きかける力はきわめて弱いといわねばならない。

　文字文化に距離をとり、声と身体を主たる媒体にして世界と交わる生活者の地平へと降りてゆき、そのつつましやかで強靭な真実世界をまるごと受けとめながら実践されるしなやかな文化批判とは、どのようなものでありうるだろうか。

＊

　2016年にボブ・ディランにノーベル文学賞が授与されたことは、私たちの持つ、高踏的な思想や文学・芸術にたいする思い込みを解放した。ひとりのミュージシャンを本質的な詩人として認定したこの出来事は、「文学」なるものが発生する始原の泉のなかに吟遊する詩人たちの声があったことを再発見させたからである。

　文学と音楽がいまだ分化しない豊かな口承文化が息づく世界では、詩人＝歌い手たちは、近代的な意味での個人としてではなく、民衆の声を受けとめる集合的な人格として存在することで、揺るぎない文化的意味を与えられてきた。古代ギリシャの吟遊叙事詩人〈アオイドス〉とは、民衆に神話や叙事的物語を口承で媒介する集合的な職業人のことを指した。『イリアス』や『オデュッセイア』の成立も、一人の作者ホメロスに帰せられないことはすでに定説となっており、このような叙事詩の成立の背後には「ホメロス語り」と呼ばれる無名のアオイドスたちの集合的な「声」が存在したのである。「歌」＝「詩」は、無数の吟遊詩人たちによる集団的な実践として始まった。

　世界中に広く存在する吟遊詩人の伝統の起源は一つではなかった。古代ギリシャのアオイドスから、中世フランスのジョングルールやトロバドゥールにいたる西欧の古典的吟遊詩人の根強い伝統も、中国やインドの芸術も摂取していたイスラームの詩歌の伝統をもってアラブ商人たちが東西に移動した中世期の、異種混淆した地中海世界の産物だった。西欧キリスト教世界の周縁であるアイルランドや北欧には、異教的なケルトやノルマン古代神話と地つづきになった物語や伝説を朗唱する土地

土地の無名詩人たちがいて、これらの地方の詩や音楽の源流となった。そしてアフリカやオセアニア、アメリカ先住民世界など、非西欧の部族社会の語り部たちもまた、歌と楽器によって彼らの神話や歴史を語り伝える固有の流儀を古くから独自に創造してきたのだった。バラッドは人類にとって水のような必需品だった。

*

私はいま、広義の吟遊詩人（バラディーア）たちの現代的な変容と新たな姿を再発見する必要を強く感じている。それは、いまの私たちの「音楽」と「社会」の関係を考える上でもきわめて重要である。クラシック音楽が一方で権威化し、その対極に資本主義のもと消費的な娯楽として商品化されてしまった大衆音楽がある。この両極化し、形骸化してしまった「音楽」という制度を乗り越えて、音楽の始まりの輝きと、慎ましい真実と、その文化批評としてのあらたな可能性を私たちは再発見しなければならないのである。

　バラッドがバラッドであるための要諦。それは第一に「移動性・放浪性」。第二に、それがもっぱら文字ではなく「声」（＝口承）による実践であること。第三に、それがセンチメンタリズムをきっぱりと排した「叙事的」な物語の伝達であること。そして最後に、それが「社会批評的・諷刺的」なメッセージ性を強く持っていることである。この四つの条件は、一つも欠けることなく、古い吟遊詩人たちからその現代的ヴァージョンに至るまで、彼ら、彼女らの音楽的実践の核心を形成しつづけている。

*

私は1980年代半ば、テキサス・アメリカ国境地帯の叙事歌謡コリードの伝統をいまに実践する民俗学者アメリコ・パレーデスのもとでコリードの批判精神を深く学んだ。奄美群島では「道弾き三線」の名手や島のジューテなど、琉球叙事詩オモロ歌謡を確立した吟遊詩人アカインコの系譜をつぐ稀有な唄者たちに20年にわたって師事してきた。いまは二弦の月琴を抱え、台湾をさすらってきた唸歌の詩人たちの即興的な技を学ぼうとしている。そして、ブラジル北東部の荒野の辺境生活が生んだ智慧を都会人に向けて批判的に突きつけたレペンチスタ（＝即興詩人）の象徴パタチーヴァ・ド・アサレこそ、私の探求が行き着く究極の叙事世界のささやかなヒーローである。

　口承文化のエピックで即興的な探求。現代社会にむけてあらたな風刺的、遊戯的知性の復権を宣言すること。生身の「声」を導き手にしたこの徹底的にアクースティックな探求は、文明社会の文字とテクノロジーによる知識の集積を根源的に解体する、あらたな学び直しへと導かれていくだろう。

映像と音声で迫る「吟遊詩人の世界」

エチオピア高原の吟遊詩人

「ヴェゲナ演奏」
撮影：川瀬慈／ 2023 年収録
https://vimeo.com/972818332

「ラリベラによる門付け」
撮影：川瀬慈／ 2003 年収録
https://vimeo.com/972819565

「アズマリと聴衆のやりとり」
撮影：川瀬慈／ 2003、2022 年収録
https://vimeo.com/972820263

タール沙漠の芸能世界

「タール沙漠の芸能——広がるイマージュ」
撮影：小西公大／ 2011–2016 年収録
https://vimeo.com/986312017

ベンガルの吟遊行者と絵語り

「吟遊行者バウルの歌世界」
撮影：大谷耕太朗、阿部櫻子、制作：岡田恵美／
2023 年収録
https://vimeo.com/972828711

「ノヤ村の絵語りポトゥア」
撮影：岡田恵美／ 2022-2023 年収録
https://vimeo.com/972830939

ネパールの旅する楽師

「腸弦のサーランギ」
撮影：株式会社エスパ／ 2018 年収録
https://vimeo.com/986875119

ネパールの旅する楽師	「ナイロン弦のサーランギ」 撮影：東西音楽交流学術調査隊、株式会社エスパ／ 1982年、2016年、2018年収録 https://vimeo.com/986875648	
	「金属弦のサーランギ」 撮影：南真木人、株式会社エスパ／ 2018年、2019年、2023年収録 https://vimeo.com/986880015	
瞽女(ごぜ)── 見えない世界からの メッセージ	「声による解説　歩く──音で生きる」 語り：広瀬浩二郎、録音：株式会社エスパ、 協力：桑田知明／2024年収録 https://vimeo.com/986880604	
	「声による解説　創る──音に生きる」 語り：広瀬浩二郎、録音：株式会社エスパ、 協力：桑田知明／2024年収録 https://vimeo.com/986883141	
	「声による解説　伝える──音が生きる」 語り：広瀬浩二郎、録音：株式会社エスパ、 協力：桑田知明／2024年収録 https://vimeo.com/986883616	
うたが生まれる心の小道	「「津和野」朗読」 声：志人／2024年収録 https://vimeo.com/986885029	
	映像：「YUYAKU」 制作：志人／2022年制作 音声：『心眼銀河』より「玄」＋「夢遊趣」 制作：志人／2021年制作 https://vimeo.com/1000691479	
モンゴル高原、 韻踏む詩人たちの系譜	「モンゴル北部ダルハドの人々のシャーマン儀礼」 撮影：島村一平／1998年収録 https://vimeo.com/986923423	

モンゴル高原、韻踏む詩人たちの系譜	「モンゴル西部の吟遊詩人トーリチ」 撮影：島村一平／ 2023 年収録 https://vimeo.com/986923961	
	「モンゴルで大人気のラッパー、デサント（DESANT）」 撮影：島村一平／ 2023 年収録 https://vimeo.com/986924331	
マリ帝国の歴史を伝える語り部	「アビジャンを揺らすジェンベの響き」 撮影：鈴木裕之／ 2015 年収録 https://vimeo.com/972836476	
	「子どもに名前を付けたら踊りまくろう」 撮影：鈴木裕之／ 2016 年収録 https://vimeo.com/972844375	
ポピュラー音楽と吟遊詩人	「日本で演奏する吟遊詩人たち」 撮影：川瀬慈、鈴木裕之／ 2023、2014 年収録 https://vimeo.com/986925798	
韻と抑揚、イメージの深淵	「韻踏む草原の食堂の店主」 撮影：島村一平／ 2023 年収録 https://vimeo.com/986926398	
研究者のまなざし	「ミュージックビデオに出演する研究者」 撮影：川瀬慈／ 2007 年収録 https://vimeo.com/986927074	
	「かずみ まき──バウルになった日本人女性」 撮影：阿部櫻子、岡田恵美、制作：岡田恵美／ 2023 年収録 https://vimeo.com/972832762	

もっと知りたい人のためのブックガイド

エチオピア高原の吟遊詩人

- 川瀬慈 2020『エチオピア高原の吟遊詩人──うたに生きる者たち』音楽之友社
- 川瀬慈(編) 2019『あふりこ──フィクションの重奏 / 偏在するアフリカ』新曜社
- 川瀬慈 2018『ストリートの精霊たち』世界思想社
- 鈴木裕之、川瀬慈(編) 2015『アフリカン・ポップス!──文化人類学からみる魅惑の音楽世界』明石書店

タール沙漠の芸能世界

- 岩谷彩子 2022「旋回と官能──北西インド、カールベーリヤーの踊りにおける回転する身体」石井美保、岩谷彩子、金谷美和、河西瑛里子(編)『官能の人類学──感覚論的転回を超えて』ナカニシヤ出版、111-133頁
- 小西公大(編) 2024『そして私も音楽になった──サウンド・アッサンブラージュの人類学』うつつ堂
- 小西公大 2015「『民俗芸能』が創造されるとき──文化運動と生存戦略」粟屋利江、井坂理穂、井上貴子(編)『周縁からの声』(現代インド5) 東京大学出版会、103-125頁
- 鈴木正崇(編) 2008『神話と芸能のインド──神々を演じる人々』山川出版社
- 宮本久義、小西公大(編) 2021『インドを旅する55章』明石書店
- Masatoshi, A. Konishi and Kodai Konishi 2013 *Jaisalmer: Life and Culture of the Indian Desert*, New Delhi: D. K. Printworld.

ベンガルの吟遊行者と絵語り

［バウル］
- 大西正幸 1986「ラロン・フォキル修行歌選」『コッラニ──インドの人と文化』第11号、コッラニ編集部、27-47頁
- 外川昌彦 2009『宗教に抗する聖者──ヒンドゥー教とイスラームをめぐる「宗教」概念の再構築』世界思想社
- バウル、パルバティ 2018『大いなる魂のうた──インド遊行の吟遊詩人 バウルの世界』バウルの響き実行委員会
- 村瀬智 2017『風狂のうたびと──バウルの文化人類学的研究』東海大学出版部

［ポトゥア］
- 金基淑 2008「第2章 絵語りで伝える神々の物語──ベンガルのポト絵とポトゥア」鈴木正崇(編)『神話と芸能のインド──神々を演じる人々』山川出版社、31-51頁
- 金基淑 2000『アザーンとほら貝──インド・ベンガル地方の絵語り師の宗教と生活戦略』明石書店
- 西岡直樹 1995「原初の世界の語り絵・ポト」「放浪の語り絵師・ポトゥア」フジタ・ヴァンテ(編)『原インドの世界──生活・信仰・美術』東京美術、18-33頁、34-47頁
- Korom, Frank J. 2006 *Village of Painters: Narrative Scrolls from West Bengal*. Museum of New Mexico Press.

ネパールの旅する楽師

- 高橋昭弘 2010『ヒマラヤ・カラコルムの音楽職能者たち──共同体との関わりに見るその機能・役割』現代図書
- 藤井知昭、南真木人、寺田吉孝(監修) 2019『ネパールの楽師ガンダルバ』(みんぱく映像民族誌 第30集)
- 藤井知昭(文)、田村仁(写真) 1991『ヒマラヤの楽師たち』音楽之友社
- 藤井知昭、馬場雄司(編) 1990『職能としての音楽』東京書籍
- 南真木人、藤井知昭 2020『ネパールのサーランギ音楽』(みんぱく映像民族誌 第35集)
- 南真木人、寺田吉孝、藤井知昭(監修) 2018『ネパールの30年』(みんぱく映像民族誌 第26集)
- 南真木人、馬場雄司、藤井知昭、寺田吉孝、伊藤香里、森本泉、今井史子 2018「特集 ヒマラヤの吟遊詩人──ガンダルバの現在」『季刊民族学』163号、千里文化財団、3-62頁
- 森本泉 2012『ネパールにおけるツーリズム空間の創出──カトマンドゥから描く地域像』古今書院
- Terada, Yoshitaka 2018 Visiting Nepal after 34 Years, *Asian-European Music Research E-Journal*, 1: 29-36. (https://www.academia.edu/37319536/Visiting_Nepal_after_34_Years)
- Weisethaunet, Hans 1998 *The Performance of Everyday Life: The Gaine of Nepal*, Scandinavian University Press.

瞽女──見えない世界からのメッセージ

- 大山真人 1977『わたしは瞽女──杉本キクエ口伝』音楽之友社
- 萱森直子 2021『さずきもんたちの唄──最後の弟子が語る瞽女・小林ハル』左右社
- グローマー，ジェラルド 2014『瞽女うた』岩波書店
- 斎藤真一 1972『瞽女──盲目の旅芸人』日本放送出版協会
- 佐久間惇一 1983『瞽女の民俗』岩崎美術社
- 鈴木昭英 1996『瞽女──信仰と芸能』高志書院
- 広瀬浩二郎 2017『目に見えない世界を歩く──「全盲」のフィールドワーク』平凡社

うたが生まれる心の小道

- 矢野原佑史 2018『カメルーンにおけるヒップホップ・カルチャーの民族誌』(京都大学アフリカ研究シリーズ 21)松香堂出版

モンゴル高原、韻踏む詩人たちの系譜

- オング，W. J.（著）、桜井直文、林正寛、糟屋啓介（訳）1991『声の文化と文字の文化』藤原書店
- 島村一平（編）2024『辺境のラッパーたち── 立ち上がる「声の民族誌」』青土社
- 島村一平（監修）2024「特集 シン・シャーマニズム論──カミとつながる技術」『季刊民族学』188 号、千里文化財団、3-75 頁
- 島村一平 2022『憑依と抵抗──現代モンゴルにおける宗教とナショナリズム』晶文社
- 島村一平 2021『ヒップホップ・モンゴリア──韻がつむぐ人類学』青土社

マリ帝国の歴史を伝える語り部

- 川田順造 1992『口頭伝承論』河出書房新社 (2001、平凡社ライブラリーより上下 2 巻で再版)
- 川田順造 1988『聲』筑摩書房 (1998、ちくま学芸文庫より再版)
- 鈴木裕之 2024『恋する文化人類学者──結婚が異文化をつなぐとき』角川ソフィア文庫
- 鈴木裕之、川瀬慈（編）2015『アフリカン・ポップス!──文化人類学からみる魅惑の音楽世界』明石書店
- 成澤玲子 1997『グリオの音楽と文化──西アフリカの歴史をになう楽人たちの世界』勁草書房
- ニアヌ，D. T. & C. F. シュレンカー（編）1983『アフリカ昔話叢書──マンディングとテムネの昔話』同朋社
- ヘイリー，アレックス 1977『ルーツ』(上・下)、社会思想社
- リー，エレン（著）、鈴木ひろゆき（訳）1992『アフリカン・ロッカーズ──ワールド・ビート・ドキュメント』JICC 出版

展示資料リスト

[凡例]
- 特別展「吟遊詩人の世界」の展示資料を掲載しました。
- データは資料名、国、地域、年代、制作者・著者（特定できる場合のみ）、所蔵先または標本番号（国立民族学博物館所蔵）の順に記載しています。
- 展示資料のうちレコードやCD・DVDなどの音源・映像媒体は一部を除き掲載していません。
- 展示キャプションおよび図録キャプションの資料名等と異なる場合があります。

[I部]

1│エチオピア高原の吟遊詩人

弦楽器 ヴェゲナ
エチオピア
アディスアベバ
2022年 収集
H0327672

男性用 衣装 上衣
エチオピア
アディスアベバ
2023年 収集
H0327897

男性用 衣装 下衣
エチオピア
アディスアベバ
2023年 収集
H0327898

男性用 衣装 ベスト
エチオピア
アディスアベバ
2023年 収集
H0327899

男性用 靴
エチオピア
アディスアベバ
2023年 収集
H0327933

楽器 マシンコ
エチオピア
アディスアベバ
2023年 収集
H0327800

女性用 ワンピース
エチオピア

アディスアベバ
2023年 収集
H0327632

女性用 ショール
エチオピア
アディスアベバ
2023年 収集
H0327633

女性用 ベルト
エチオピア
アディスアベバ
2023年 収集
H0327634

女性用 ベルト
エチオピア
アディスアベバ
2023年 収集
H0327635

男子用 帽子
エチオピア
アディスアベバ
2023年 収集
H0327885

男性用 衣装 上衣
エチオピア
アディスアベバ
2023年 収集
H0327894

男性用 衣装 下衣
エチオピア
アディスアベバ
2023年 収集
H0327895

男性用 衣装 ベスト
エチオピア
アディスアベバ
2023年 収集
H0327900

男性用 靴
エチオピア
アディスアベバ
2023年 収集
H0327939

太鼓
エチオピア
アディスアベバ
2023年 収集
H0327791

太鼓用 台
エチオピア
アディスアベバ
2023年 収集
H0327792

料理用具
エチオピア
アディスアベバ
2023年 収集
H0327825

料理用具
エチオピア
アディスアベバ
2023年 収集
H0327826

壁掛け
エチオピア
アディスアベバ
2023年 収集
H0327877

楽器 マシンコ
エチオピア
アディスアベバ
2023年 収集
H0327675

弁当箱
エチオピア
アディスアベバ
2023年 収集
H0327801

弁当箱
エチオピア
アディスアベバ

2023年 収集
H0327802

弁当箱
エチオピア
アディスアベバ
2023年 収集
H0327806

弁当箱
エチオピア
アディスアベバ
2023年 収集
H0327813

弁当箱
エチオピア
アディスアベバ
2023年 収集
H0327814

ゲーム盤
エチオピア
アディスアベバ
2023年 収集
H0327837

料理用 容器
エチオピア
アディスアベバ
2023年 収集
H0327820

壁掛け
エチオピア
アディスアベバ
2023年 収集
H0327874

絵画
エチオピア
アディスアベバ
2023年 収集
H0327858

絵画
エチオピア
アディスアベバ
2023年 収集
H0327861

絵画
エチオピア
アディスアベバ
2023年 収集
H0327856

絵画
エチオピア
アディスアベバ
2023 年 収集
H0327857

壁掛け
エチオピア
アディスアベバ
2023 年 収集
H0327875

弁当箱
エチオピア
アディスアベバ
2023 年 収集
H0327808

弁当箱
エチオピア
アディスアベバ
2023 年 収集
H0327809

料理用具
エチオピア
アディスアベバ
2023 年 収集
H0327833

太鼓
エチオピア
アディスアベバ
2023 年 収集
H0327795

料理用具
エチオピア
アディスアベバ
2023 年 収集
H0327832

太鼓
エチオピア
アディスアベバ
2023 年 収集
H0327796

料理用具
エチオピア
アディスアベバ
2023 年 収集
H0327834

弁当箱
エチオピア
アディスアベバ

2023 年 収集
H0327810

弁当箱
エチオピア
アディスアベバ
2023 年 収集
H0327811

絵画
エチオピア
アディスアベバ
2023 年 収集
H0327869

料理用具
エチオピア
アディスアベバ
2023 年 収集
H0327830

壁掛け
エチオピア
アディスアベバ
2023 年 収集
H0327881

太鼓
エチオピア
アディスアベバ
2023 年 収集
H0327798

太鼓
エチオピア
アディスアベバ
2023 年 収集
H0327793

壁掛け
エチオピア
アディスアベバ
2023 年 収集
H0327882

料理用具
エチオピア
アディスアベバ
2023 年 収集
H0327835

蜂蜜酒用 酒入れ容器
エチオピア
アディスアベバ
2023 年 収集
H0327839

蜂蜜酒用 酒入れ容器
エチオピア
アディスアベバ
2023 年 収集
H0327840

蜂蜜酒用 酒入れ容器
エチオピア
アディスアベバ
2023 年 収集
H0327849

蜂蜜酒用 酒入れ容器
エチオピア
アディスアベバ
2023 年 収集
H0327850

蜂蜜酒用 酒入れ容器
エチオピア
アディスアベバ
2023 年 収集
H0327851

蜂蜜酒用 酒入れ容器
エチオピア
アディスアベバ
2023 年 収集
H0327852

蜂蜜酒用 机
エチオピア
アディスアベバ
2023 年 収集
H0327853

絵画
エチオピア
アディスアベバ
2023 年 収集
H0327859

絵画
エチオピア
アディスアベバ
2023 年 収集
H0327860

壁掛け
エチオピア
アディスアベバ
2023 年 収集
H0327880

ストール
エチオピア
アディスアベバ

2023 年 収集
H0327927

料理用具
エチオピア
アディスアベバ
2023 年 収集
H0327827

料理用具
エチオピア
アディスアベバ
2023 年 収集
H0327828

戦士用 盾
エチオピア
アディスアベバ
2023 年 収集
H0327870

戦士用 盾
エチオピア
アディスアベバ
2023 年 収集
H0327871

男子儀礼用 チュラ
エチオピア
アディスアベバ
2023 年 収集
H0327872

2 ｜ タール沙漠の芸能世界

宗教画
インド
ラージャスターン
1982 年 収集
H0104328

敷物
インド
ラージャスターン
1982 年 収集
H0104323

カーテン（窓用）
インド
ラージャスターン
1982 年 収集
H0104289

敷物
インド
ラージャスターン
1982 年 収集

H0104291

鍵盤楽器 ハルモニウム
インド
ラージャスターン
1991年 収集
H0276625

太鼓 ドーラク
パキスタン
ラホール
1987年 収集
H0148692

弦楽器 サーランギー
インド
ラージャスターン
1981年 収集
H0092549

弦楽器 サーランギー
インド(推定)
ラージャスターン
2018年 受入
H0281550

彫像(馬)
インド
ラージャスターン
1981年 収集
H0092858

テーブル
インド
ラージャスターン
1981年 収集
H0092910

楽器 カルタール
インド
ラージャスターン
2012年 収集
個人蔵

楽器 カルタール
インド
ラージャスターン
2012年 収集
個人蔵

口琴 モールチャン
インド
ラージャスターン
2012年 収集
個人蔵

口琴 モールチャン

インド
ラージャスターン
2012年 収集
個人蔵

口琴 モールチャン
インド
ラージャスターン
2012年 収集
個人蔵

クッションカバー
インド
ラージャスターン
2016年 収集
個人蔵

ラージャスターンの布
インド
ラージャスターン
2016年 収集
個人蔵

あやつり人形(踊り子)
インド
ラージャスターン
1981年 収集
H0092972

あやつり人形(踊り子)
インド
ラージャスターン
1981年 収集
H0092973

あやつり人形(王妃)
インド
ラージャスターン
1981年 収集
H0092974

あやつり人形(王)
インド
ラージャスターン
1981年 収集
H0092975

3 ｜ ベンガルの吟遊行者と絵語り

頭布
インド
ボルプル
2023年 収集
H0328047

首飾り
インド

ボルプル
2023年 収集
H0328043

上衣
インド
ボルプル
2023年 収集
H0328042

腰巻
インド
ボルプル
2023年 収集
H0328045

楽器 グングルー
インド
ボルプル
2023年 収集
H0328039

サンダル
インド
ボルプル
2023年 収集
O0003893

弦楽器 エクタラ
インド
ボルプル
2023年 収集
Tarun Das
H0328032

太鼓 ドゥギ
インド
ボルプル
2023年 収集
Tarun Das
H0328037

上衣(クルター)
インド
ボルプル
2023年 収集
H0328044

腰布
インド
ボルプル
2023年 収集
H0328046

首飾り
インド
ボルプル

2023年 収集
O0003892

腰巻
インド
ボルプル
2023年 収集
H0328048

サンダル
インド
ボルプル
2023年 収集
O0003894

弦楽器 コモク
インド
ボルプル
2023年 収集
Tarun Das
O0003888

弦楽器 ウットル・ボンゴ
インド
ボルプル
2023年 収集
Tarun Das
H0328035

弦楽器 サリンダ
インド
ボルプル
2023年 収集
Tarun Das
H0328036

弦楽器 エクタラ
インド
ボルプル
2023年 収集
Tarun Das
O0003890

上衣(クルター)
インド
ボルプル
2024年 収集
Bandana Lohar
H0328050

ベスト
インド
ボルプル
2023年 収集
Bandana Lohar
H0328051

ラロン肖像画の切手
バングラデシュ
クシュティア
2023年 収集
O0003884

ラロン歌詞集
バングラデシュ
クシュティア
2023年 収集
O0003881

書籍『ゴーラ』
日本
1924年 発行
ラービンドラナート・タゴール
大雄閣 出版
個人蔵

弦楽器 コモク
インド
ボルプル
2023年 収集
Tarun Das
H0328033

楽器 マンジーラ
インド
ボルプル
2023年 収集
O0003891

太鼓 ドゥブッキ
インド
ボルプル
2023年 収集
Tarun Das
H0328034

太鼓 コル
インド
1982年 収集
H0104314

ラロン像の木彫
バングラデシュ
クシュティア
2023年 収集
H0328022

ラロン肖像画ポスター
バングラデシュ
クシュティア
2023年 収集
O0003883

太鼓 タブラー

インド
1978年 収集
H0278823

鍵盤楽器 ハルモニウム
インド
コルカタ
2007年 収集
Dwarkin
個人蔵

上衣
バングラデシュ
クシュティア
2023年 収集
H0328026

首飾り
バングラデシュ
クシュティア
2023年 収集
H0328031

腰巻
バングラデシュ
クシュティア
2023年 収集
H0328027

頭布
バングラデシュ
クシュティア
2023年 収集
H0328028

褌
バングラデシュ
クシュティア
2023年 収集
H0328029

布袋
バングラデシュ
クシュティア
2023年 収集
H0328025

弦楽器 ドタラ
インド
ボルプル
2023年 収集
Tarun Das
H0328038

水入れ
バングラデシュ
クシュティア

2023年 収集
O0003882

杖
バングラデシュ
クシュティア
2023年 収集
H0328030

座布団カバー
バングラデシュ
ダッカ
2023年 収集
O0003886

座布団カバー
バングラデシュ
ダッカ
2023年 収集
O0003887

敷物
バングラデシュ
クシュティア
2023年 収集
O0003885

楽器 マンジーラ
インド
ボルプル
2023年 収集
H0328041

ポト絵《魚の結婚式》(大)
インド
西ベンガル
2022年 収集
個人蔵

ポト絵《学校》
インド
西ベンガル
2023年 収集
個人蔵

ポト絵《サンタルの結婚式》(小)
インド
西ベンガル
2022年 収集
個人蔵

ポト絵《コロナウイルス》
インド
西ベンガル
2022年 収集
個人蔵

ポト絵《サンタルの結婚式》(大)
インド
西ベンガル
2022年 収集
個人蔵

ポト絵《魚の結婚式》(小)
インド
西ベンガル
2022年 収集
個人蔵

団扇
インド
西ベンガル
2023年 収集
Rani Chitrakar
H0328059

コースター
インド
西ベンガル
2023年 収集
Rani Chitrakar
H0328061

コースター
インド
西ベンガル
2023年 収集
Rani Chitrakar
H0328062

コースター
インド
西ベンガル
2023年 収集
Rani Chitrakar
H0328063

コースター
インド
西ベンガル
2023年 収集
Rani Chitrakar
H0328064

コースター
インド
西ベンガル
2023年 収集
Rani Chitrakar
H0328065

ケトル
インド
西ベンガル

2023年 収集
Rani Chitrakar
H0328060

皿
インド
西ベンガル
2023年 収集
Rani Chitrakar
H0328058

ポト絵の収納袋
インド
西ベンガル
2023年 収集
Shyamsundar Chitrakar
H0328066

ポト絵用の布紙
インド
西ベンガル
2023年 収集
個人蔵

ポト絵用の布紙
インド
西ベンガル
2023年 収集
個人蔵

ポト絵「クリシュナ神」
インド
西ベンガル
2022年 収集
個人蔵

ポト絵「ドゥルガー女神」
(床面／描きかけ)
インド
西ベンガル
2023年 収集
Susovan Chitrakar
個人蔵

ポト絵用の紙
インド
西ベンガル
2023年 収集
個人蔵

筆
インド
西ベンガル
2023年 収集
個人蔵

鉛筆

インド
西ベンガル
2023年 収集
個人蔵

消しゴム
インド
西ベンガル
2023年 収集
個人蔵

絵の具入れ
インド
西ベンガル
2023年 収集
個人蔵

絵皿
インド
西ベンガル
2023年 収集
個人蔵

絵皿
インド
西ベンガル
2023年 収集
個人蔵

絵皿
インド
西ベンガル
2023年 収集
個人蔵

ポト絵の布
インド
西ベンガル
2023年 収集
個人蔵

ポトゥアが挿絵を手がけた本
インド
西ベンガル
2022年 収集
Manu Chitrakar
個人蔵

カンタ刺繍の座布団
インド
西ベンガル
2023年 収集
Bandana Lohar
個人蔵

ポト絵《ヒンドゥーの神がみ》
インド

西ベンガル
2022年 収集
Manu Chitrakar
H0327379

ポト絵
《クリシュナと牧女ラーダー》
インド
西ベンガル
2022年 収集
Manu Chitrakar
H0327380

ポト絵
《ダウリー(花嫁の持参金殺人)》
インド
西ベンガル
2023年 収集
Shyamsundar Chitrakar
H0328054

ポト絵《シーターの誘拐》
インド
西ベンガル
2023年 収集
Rani Chitrakar
H0328053

ポト絵《クリシュナ神》
インド
西ベンガル
2022年 収集
Amit Chitrakar
H0327381

ポト絵《ドゥルガー女神》
インド
西ベンガル
2023年 収集
Rani Chitrakar
H0328055

ポト絵《蛇の女神モノシャ》
インド
西ベンガル
2023年 収集
Amit Chitrakar, Susovan
Chitrakar
H0328067

ポト絵《コロナウイルス》
インド
西ベンガル
2022年 収集
Amit Chitrakar
H0327382

ポト絵《森林破壊》
インド
西ベンガル
Shyamsundar Chitrakar
個人蔵

4│ネパールの旅する楽師

サーランギ(腸弦)
ネパール
ゴルカ郡
1980年代 制作
Krishna Bahadur Gandharba
個人蔵

サーランギ(ナイロン弦)
ネパール
カトマンズ
1990年代
個人蔵

書籍『ジャラクマン・ガンダルバ
──民衆の民俗歌手』
2007年
個人蔵

書籍『The performance of
everyday life : the Gāine of
Nepal』
 Faculty of Arts, University of
Oslo
1998年
F118000794

サーランギ(ナイロン弦)
ネパール
ポカラ
2010年代 制作
Ram Lal Gayek
個人蔵

サーランギ(土産物)
ネパール
カトマンズ
1974年 収集
H0000238

サーランギ(金属弦)
ネパール
カトマンズ
2010年代 制作、収集
Bharat Nepali
個人蔵

楽譜
ネパール
カトマンズ

2000年代
Bharat Nepali
個人蔵

5 | 瞽女
見えない世界からのメッセージ

越後瞽女人形
日本
新潟県
2013年 収集
大和物産
O0002276

エンボス絵画《妙音講で二人の
弟子と唄う杉本キクイ》
日本
埼玉県
2013年 収集
柳澤飛鳥
O0002274

角巻
日本
長野県
2013年 収集
O0002241

笠
日本
長野県
2013年 収集
O0002268

長着物
日本
長野県
2013年 収集
O0002223

上衣（半チャ）
日本
長野県
2013年 収集
O0002230

半巾帯
日本
長野県
2013年 収集
O0002237

足袋
日本
長野県
2013年 収集
O0002247

足袋
日本
長野県
2013年 収集
O0002248

手甲
日本
長野県
2013年 収集
O0002249

手甲
日本
長野県
2013年 収集
O0002250

脚絆
日本
長野県
2013年 収集
O0002251

脚絆
日本
長野県
2013年 収集
O0002252

手ぬぐい
日本
長野県
2013年 収集
O0002260

湯上がり（紺地）
日本
新潟県
瞽女ミュージアム高田

湯上がり（白地）
日本
新潟県
瞽女ミュージアム高田

ちり紙
日本
新潟県
瞽女ミュージアム高田

石けん箱
日本
新潟県
瞽女ミュージアム高田

歯ブラシ
日本
東京都
個人蔵

箸箱（箸入り）
日本
東京都
個人蔵

三味線
日本
新潟県
瞽女ミュージアム高田

バチ/バチ袋
日本
新潟県
瞽女ミュージアム高田

櫛
日本
東京都
個人蔵

櫛
日本
東京都
個人蔵

かんざし
日本
東京都
個人蔵

富山の置き薬 熊肝
日本
新潟県
瞽女ミュージアム高田

富山の置き薬 せきどめ
日本
新潟県
瞽女ミュージアム高田

富山の置き薬 ケロリン
日本
新潟県
瞽女ミュージアム高田

米入れ
日本
長野県
2013年 収集
O0002263

箱枕

日本
東京都
個人蔵

大風呂敷
日本
東京都
個人蔵

薄べり（ござ）
日本
新潟県
瞽女ミュージアム高田

肌掛け布団
日本
新潟県
瞽女ミュージアム高田

上衣（半チャ）
日本
長野県
2013年 収集
O0002231

半巾帯
日本
長野県
2013年 収集
O0002234

手ぬぐい
日本
長野県
2013年 収集
O0002253

笠
日本
新潟県
2013年 収集
O0002269

杖
日本
新潟県
瞽女ミュージアム高田

お腰（蹴出し）
日本
新潟県
瞽女ミュージアム高田

合切袋
日本
東京都
斎藤弘美

個人蔵

大風呂敷
日本
東京都
斎藤弘美
個人蔵

五合枡
日本
新潟県
瞽女ミュージアム高田

米袋（大）
日本
新潟県
瞽女ミュージアム高田

アート作品
《わたしのおへそのうちとそと》
日本
広島県
2024年 制作
ナギソラ
個人蔵

6 ｜ うたが生まれる心の小道

書籍 視覚詩・触覚詩
『心眼銀河 書契』
日本
2021年 制作
志人、TempleATS
個人蔵

CD《心眼銀河
-SHINGANGINGA-》
殻桶（カラオケinstrumental）
日本
2021年 制作
志人、TempleATS
個人蔵

CD《心眼銀河
-SHINGANGINGA-》
日本
2021年 制作
志人、TempleATS
個人蔵

這丸太（天然ヒノキ）
日本
京都府
2015年 制作
志人
個人蔵

ミキサー
1990年代
個人蔵

マイク
2000年代
個人蔵

マイクスタンド
2020年代
個人蔵

ターンテーブル
2000年代
個人蔵

スピーカー
1990年代
個人蔵

スピーカー・アンプ
1990年代
個人蔵

ラップトップ
2010年代
個人蔵

オーディオ・インターフェース
2000年代
個人蔵

シンセサイザー
1980年代
個人蔵

電源タップ
2000年代
個人蔵

ヘッドフォン
1990年代
個人蔵

《津和野 透韻図》
日本
島根県津和野町
2022年 制作
志人
個人蔵

肉筆詩原稿（リリックノート）
日本
京都府
2020年代 制作
志人
個人蔵

マイクロカセットレコーダー
日本
個人蔵

オーディオ機材を置く丸太
日本
京都府
2017年 制作
志人
個人蔵

トチノキの捏鉢
日本
京都府
2000年代 制作
志人
個人蔵

鹿角笛
日本
京都府
2000年代 制作
志人
個人蔵

竹法螺
日本
京都府
2000年代 制作
志人
個人蔵

虎杖笛
日本
京都府
2000年代 制作
志人
個人蔵

女竹笛
日本
京都府
2000年代 制作
志人
個人蔵

淡竹笛
日本
京都府
2000年代 制作
志人
個人蔵

令法と椎木のバチ
日本
京都府

2000年代 制作
志人
個人蔵

アナログレコード《意図的迷子》
12 inch
日本
2018年 制作
志人、TempleATS
個人蔵

7 ｜ モンゴル高原、 韻踏む詩人たちの系譜

シャーマン衣装 被りもの
モンゴル
ウランバートル
2023年収集
H0328110

シャーマン衣装 鎧
モンゴル
ウランバートル
2023年収集
H0328111

シャーマン衣装 靴
モンゴル
ウランバートル
2023年収集
H0328112

太鼓とバチ
モンゴル
ウランバートル
2023年収集
H0328113

五徳
モンゴル
ヘンティー
1995年 収集
H0201981

鍋
モンゴル
ヘンティー
1995年 収集
H0201982

精霊の依代
モンゴル
フブスグル
1997年 収集
H0205485

トーリチ衣装 帽子

モンゴル
ホブド
2023 年 収集
H0328114

トーリチ衣装 外套
モンゴル
ホブド
2023 年 収集
H0328115

トーリチ衣装 靴
モンゴル
ホブド
2023 年 収集
H0328116

弦楽器 トプショール
モンゴル
ホブド
2023 年 収集
H0328120

弦楽器 白鳥頭のトプショール
モンゴル
1990 年代 収集
豊岡市立日本・モンゴル民族博
物館

弦楽器 イキル
モンゴル
ホブド
2023 年 収集
H0328121

縦笛 ツォール
モンゴル
ホブド
2023 年 収集
H0328117

縦笛 ツォール
モンゴル
ホブド
2023 年 収集
H0328118

縦笛 ツォール
モンゴル
ホブド
2023 年 収集
H0328119

碗
モンゴル
ウランバートル
1996 年 収集

H0203469

来客用 机
モンゴル
ドゥンドゴビ
1995 年 収集
H0201925

ラッパー衣装 フーディーパーカー
（上着）
モンゴル
ウランバートル
2023 年　収集
H0328126

ラッパー衣装 上衣
モンゴル
ウランバートル
2023 年　収集
H0328127

ラッパー衣装 下衣
モンゴル
ウランバートル
2023 年　収集
H0328128

ラッパー衣装 ベルト
モンゴル
ウランバートル
2023 年　収集
H0328129

記念トロフィー
モンゴル
ウランバートル
2023 年 収集
H0328122

記念革製盾
モンゴル
ウランバートル
2023 年 収集
H0328123

8 ｜ マリ帝国の歴史を伝える語り部

木琴 バラ
マリ
1987 年 収集
H0149343

弦楽器 コラ
セネガル
1987 年 受入
H0150186

弦楽器 ンゴニ
マリ
2009 年 収集
H0254635

太鼓 タマニ
マリ
1981 年 受入
H0088192

フランス語版絵本
『スンジャタ叙事詩』
フランス
2002 年 発行
ジャリバ・コナテ
Seuil 出版
個人蔵

フランス語スンジャタ叙事詩
『スンジャタ』
フランス
1960 年 発行
Présence Africaine 出版
ニアヌ
個人蔵

フランス語スンジャタ叙事詩
『ことばの主』
フランス
1978 年 発行
カマラ・ライ
Librairie plon 出版
個人蔵

フランス語スンジャタ叙事詩
『弓のライオン 』
フランス
1986 年 発行
マサ・マカン・ジャバテ
Hatier 出版
個人蔵

グリオのステージ衣装
コートジボワール
2020 年 収集
個人蔵

首飾り
コートジボワール
2021 年 収集
個人蔵

腕輪
コートジボワール
2021 年 収集
個人蔵

ステージ衣装
コートジボワール
2019 年 収集
個人蔵

ステージ衣装
コートジボワール
2023 年 収集
個人蔵

ステージ衣装
コートジボワール
2022 年 収集
個人蔵

ステージ衣装
コートジボワール
2021 年 収集
個人蔵

ステージ衣装
コートジボワール
2022 年 収集
個人蔵

ステージ衣装
コートジボワール
2023 年 収集
個人蔵

ステージ衣装
コートジボワール
2019 年 収集
個人蔵

弦楽器 コラ
セネガル
1978 年 収集
H0062742

木琴 バラ
マリ
1987 年 収集
H0149342

太鼓 ジェンベ
マリ
1987 年 収集
H0149347

太鼓 ジェンベ
マリ
1987 年 収集
H0149346

楽器 フェ
コートジボワール

2015年 収集
個人蔵

楽器 フェ
コートジボワール
2015年 収集
個人蔵

楽器 フェ
コートジボワール
2015年 収集
個人蔵

[II部]

ポピュラー音楽と吟遊詩人

帽子
エチオピア
アディスアベバ
2023年 収集
H0327884

帽子
エチオピア
アディスアベバ
2023年 収集
H0327887

男性用ダンス衣装
上衣 (ウォライタ人)
エチオピア
アディスアベバ
2023年 収集
H0327907

男性用ダンス衣装
下衣 (ウォライタ人)
エチオピア
アディスアベバ
2023年 収集
H0327908

男性用衣装 上衣 (シダマ人)
エチオピア
アディスアベバ
2023年 収集
H0327912

男性用衣装 下衣 (シダマ人)
エチオピア
アディスアベバ
2023年 収集
H0327913

ナイフ (複製) (シダマ人)

エチオピア
アディスアベバ
2023年 収集
H0327916

男性用農民風ダンス衣装 上衣
エチオピア
アディスアベバ
2023年 収集
H0327917

男性用農民風ダンス衣装 下衣
エチオピア
アディスアベバ
2023年 収集
H0327918

書籍『Bards, Ballads and Boundaries』
Daniel Neuman ほか
個人蔵

書籍『The Langas: a folk-musician caste of Rajasthan』
1972年 出版
Komal Kothari
個人蔵

冊子「アジア伝統芸能の交流 '84 旅芸人の世界」
日本
個人蔵

冊子「インド祭 The Festival of India in Japan'88」
日本
個人蔵

パンフレット / ポストカード
映画《ジプシー・キャラバン》
日本
2016年
個人蔵

パンフレット
映画《ラッチョ・ドローム》
日本
2023年
個人蔵

カールベーリヤーのダンス衣装
インド
ラージャスターン
2016年
個人蔵

ラッパー衣装 トレーナー

モンゴル
ウランバートル
個人蔵

舞台衣装 上衣
モンゴル
ウランバートル
H0328135

舞台衣装 下衣
モンゴル
ウランバートル
H0328136

舞台衣装 首飾り
モンゴル
ウランバートル
H0328137

舞台衣装 腕時計
モンゴル
ウランバートル
H0328138

舞台衣装 靴
モンゴル
ウランバートル
H0328139

研究者のまなざし

子どもたちによる落書きだらけのノート
エチオピア
ゴンダール
個人蔵

書籍『改訂版 はなれ瞽女おりん』
日本
新潮社 発行
個人蔵

書籍『瞽女うた』
日本
岩波書店 発行
個人蔵

点字盤
日本
個人蔵

点字タイプライター
Light Brailler
日本
個人蔵

エンボス絵画

《三味線を弾く杉本キクイ》
日本
埼玉県
2013年 制作
柳澤飛鳥
O0002273

ポト絵《蛇の女神モノシャ》
インド
西ベンガル
1980年代 収集
Shyamsundar Chitrakar
個人蔵

蛇の女神モノシャ像
インド
西ベンガル
1990年 収集
H0173563

ポト絵《蛇の女神モノシャ》
インド
西ベンガル
2023年 収集
Laila Chitrakar
H0328052

『東西音楽交流学術調査報告——ネパール民族音楽学術調査報告書』III
1984年
C851518513

『東西音楽交流学術調査報告——ネパール東部・シッキム民族音楽学術調査報告書』IV
1986年
C892025012

カセットテープ 民族音楽学術調査記録；100；PKr-I; Gaine; Yang-ja ほか
Q14147 ほか

版画《The Rain Bird》
インド
西ベンガル
2023年 収集
Parvaty Baul
個人蔵

謝辞

みんぱく創設50周年記念特別展「吟遊詩人の世界」を
開催するにあたり、多くの皆様に多大なご協力をいただきました。
特別展スタッフ一同を代表し感謝申し上げます。

川瀬慈（国立民族学博物館／特別展実行委員長）

みんぱく創設50周年記念特別展
「吟遊詩人の世界」

[主催]
国立民族学博物館

[後援]
一般社団法人エチオピア・アートクラブ

[協力]
公益財団法人千里文化財団、国士舘大学、
瞽女ミュージアム高田、東京学芸大学、
豊岡市立日本・モンゴル民族博物館

[実行委員]
川瀬慈（国立民族学博物館教授 実行委員長）
岡田恵美（国立民族学博物館准教授）
小西公大（東京学芸大学准教授）
島村一平（国立民族学博物館教授）
鈴木裕之（国士舘大学教授）
ニャマ・カンテ（歌手）
広瀬浩二郎（国立民族学博物館教授）
南真木人（国立民族学博物館教授）

[展示指導]
矢野原佑史

[展示・出品協力]
枝光ユミ、岡田和行、片山美貴、金基淑、北出夏香（Nalika）、志人、
特定非営利活動法人高田瞽女の文化を保存・発信する会、
ナギソラ、野津治仁、矢野原佑史、YU-EN合同会社、TempleATS

[展示制作]
展示デザイン：ウエマリコ・オフィス
広報物デザイン：木村稔将
展示施工：株式会社ゴードー
輸送演示：ヤマト運輸株式会社関西美術品支店
演示：朝岡工房
制作協力：鍵谷開

[執筆者]
新井高子（あらいたかこ）詩人・埼玉大学教授
今福龍太（いまふくりゅうた）文化人類学者・批評家
岡田恵美（おかだえみ）国立民族学博物館准教授
川瀬慈（かわせいつし）国立民族学博物館教授
小西公大（こにしこうだい）東京学芸大学准教授
鈴木裕之（すずきひろゆき）国士舘大学教授
志人/sibitt アーティスト
島村一平（しまむらいっぺい）国立民族学博物館教授
管啓次郎（すがけいじろう）詩人・明治大学教授
広瀬浩二郎（ひろせこうじろう）国立民族学博物館教授
南真木人（みなみまきと）国立民族学博物館教授
矢野原佑史（やのはらゆうし）京都大学アフリカ地域研究資料センター特任研究員

[画像提供]
一般社団法人エチオピア・アートクラブ、金基淑、
桑田知明、瞽女ミュージアム高田、志人、胎内やすらぎの家、
東西音楽交流学術調査隊、ドラムスレン、新潟日報社、
馬場雄司、B.インジナーシ、Kosuke Mori、listude、NMN

[制作]
編集協力：公益財団法人千里文化財団
装丁・デザイン：木村稔将
制作協力：鍵谷開
資料撮影：増田大輔
撮影協力：株式会社エスパ

＊順不同・敬称略

吟遊詩人の世界

2024年9月 9日　初版印刷
2024年9月19日　初版発行

監修　　　国立民族学博物館
編集　　　川瀬慈

発行者　　小野寺優
発行所　　株式会社河出書房新社
　　　　　〒162-8544
　　　　　東京都新宿区東五軒町2-13
　　　　　電話 03-3404-1201（営業）
　　　　　　　　03-3404-8611（編集）
　　　　　https://www.kawade.co.jp/
組版　　　木村稔将
印刷・製本　中央精版印刷株式会社

Printed in Japan
ISBN978-4-309-22926-3
落丁本・乱丁本はお取り替えいたします。
本書のコピー、スキャン、デジタル化等の無断複製は著作権法上での例外を除き禁じ
られています。本書を代行業者等の第三者に依頼してスキャンやデジタル化すること
は、いかなる場合も著作権法違反となります。